天才と発達障害

岩波 明

文春新書

1212

はじめに　天才と狂気

傑出者フレディ・マーキュリー

天才とは、あるいは傑出した才能とは、何を意味しているのだろうか。彼らはどういった人たちで、どのように人生を過ごしてきたのだろう？

2018年に公開された映画『ボヘミアン・ラプソディ』で再評価されたクイーンには、『キラー・クイーン』という往年のヒット曲がある。「殺し屋の女王」とは、何のことか？

じつはこの作品は「男殺しの美女」をテーマにしたものであるが、ポップソングとは思えない、わけの分からない歌詞である。モエ・エ・シャンドン、マリー・アントワネット、フルシチョフ、ケネディといった単語が散りばめられ、リスナーは混乱し、面食らう。だが、当初は受け入れ難いと思いながらも、ついその世界に魅せられてしまう……これが天才のやり方なのである。

この曲の作者で、バンドの中心メンバーであったフレディ・マーキュリーは、言うまでもなくロック界の大スターだ。彼の傑出した才能は、天才と称えられるべき斬新さとパワーを伴っていた。

フレディの生涯はアップダウンの激しい、息つく暇もない駆け足の人生だった。インド出身のパールシー（ゾロアスター教徒）を両親とするフレディは、1946年、タンザニアに生まれた。その後、ボンベイ（現・ムンバイ）の英国流の寄宿学校をへて、ロンドンの美術関係の大学でグラフィックデザインを学びながら音楽活動を開始した。

『キラー・クイーン』に限らず、彼の作り出した楽曲は、予想もしない衝撃を与えるものが多い。世界の音楽シーンに「異物」として出現したクイーンは、多くのファンに支持されたが、批評家からは冷たくあしらわれた。映画のタイトルにもなった『ボヘミアン・ラプソディ』は、当時のプロデューサーは冗長過ぎてヒットするはずがないと言い、エルトン・ジョンも正気かと酷評した。ところが発表から40年以上が経った現在でも、クラシックの要素を取り入れたこの作品は、色あせることのない新鮮さを持っている。

一方で、トップスターとして栄光の座をつかんだ後も、フレディの人生は一般的な幸福とはほど遠かった。精神的な安定を得られないまま、乱痴気騒ぎを繰り返した。

そしてHIVに感染したフレディは、ライブエイドのコンサートを成功させたものの、その数年後、命を燃やし尽くすようにして45歳でこの世を去った。

一瞬で世の中を変え、そして排除される存在

異能のトップスターとして君臨し、栄光の絶頂から一瞬のうちに消え去ったフレディ・マーキュリーの人生は、「トリックスター」のイメージとも重なる。

トリックスターとは元来は文化人類学や神話学の用語で、俗なる世界と聖なる彼方をつなぐとともに、この世の秩序を一瞬のうちに変化させうる力をもった存在のことである。トリックスターは道化を演じるとともに、現世の秩序を否定し、価値の逆転を引き起こす。

トリックスターは自らが王として君臨するようにもなるが、急激な没落に至る運命にある。フレディに限らず、天才や傑出した人の生涯は、トリックスターを思わせる激しい軌跡をたどることが多い。

しかし、真の天才はけっして別世界の住人ではない。彼らは私たちのごく近くにいて、普通に生活をしている。もちろん天才とは、単にテストの点数が高いとか知能指数が高いということとは別のものである。「○○町きっての天才」と呼ばれた優等生は、都会の学校に進学した途端、「one of them」になって埋没してしまう。

真の天才とは優等生ではなく、不穏分子である。彼らは一般的な社会生活になじめずに、孤立しやすい。彼らの才能は、周囲になかなか理解されない。むしろ、一般の人からは、

扱いにくい異物として目をそむけられやすい。天才たちの言動は常識からかけ離れていることが多く、常人の理解が及ばない危険なものに見える。

それゆえ、天才は社会から意識的に排除されやすい。人々は能力のある個人を警戒し、意味なく嫉妬心を向けてしまうからである。

発達障害、精神疾患との深い関係

じつはこのような天才たちの能力が、何らかの発達障害や精神疾患と結びついていることは珍しくない。過去には「天才とは狂気そのもの」とする学説も精神医学界には根強くあり、イタリアの精神科医ロンブローゾがその代表例としてあげられる。

また、元東大医学部精神科教授であった内村祐之は著書の中で、ジャンヌ・ダルク、ニーチェ、夏目漱石を例にあげ、値打ちのある大事業を残した人であるならば、その人が狂気であろうとなかろうと、社会的に価値のある人というべきであると論じている。

フレディ・マーキュリーに明らかな疾患は知られていないが、過剰な集中力や並外れた行動力、途方もない浪費癖は発達障害の特性を示唆している。彼に限らず、過去の天才的な芸術家や科学者においては、発達障害などが伴っているケースは稀ではない。それどころか、むしろ発達障害の特性が創造性を生み出したようにも思えることもある。

たとえば、英国の科学者チャールズ・ダーウィンをみてみよう。彼が提唱した「進化論」は、自然科学の分野だけでなく哲学、宗教界にも激しいインパクトを与えたものだったが、ダーウィン自身の生活ぶりも独特なものであった。

ダーウィンは少年時代から孤独を好み、鉱物や貝殻などの収集癖があった。ビーグル号での航海を終えた後、ダーウィンは若くしてロンドン郊外の邸宅に移り住み、生涯その家から外に出ようとしなかった。彼の日常生活には独自のルールがあり、そのパターンが乱されることを強く嫌悪した。この社会性の欠如とこだわりの強さは、ASD（自閉症スペクトラム障害）の特性を示している。

ダーウィンとは対照的に、一つの場所にとどまっていることができない天才も存在した。彼らの魂は長く続く旅の中にあり、急き立てられるようにして街から街へとさまよい歩く。

米国を代表する劇作家、テネシー・ウィリアムズは、まさにそうした人物だった。彼の『欲望という名の電車』などの作品は国際的にも評価が高く、現在でも繰り返し上演されている。一方でウィリアムズ自身はひとところに落ち着くことができず、住居を転々とし、酒とドラッグに逃避して、「青い悪魔」と呼んだうつ病に抗い続ける人生を送った。彼は精神病院への入院も経験している。

さらに近代哲学の祖であるルネ・デカルトも、その一生は、生涯続いた漂泊の旅とともにあった。それはデカルト自らが望んだ生き方であったが、彼も一カ所に落ち着くことができない性格だった。オランダで軍隊に参加したデカルトは、その後も戦闘と刺激を求めてボヘミア、ドイツ、ハンガリー、バルト海沿岸とヨーロッパ中を遍歴した。

このようなセンセーション・シーキング（常に刺激を求める性質）は、マインド・ワンダリング（思考が拡散する傾向）とともに、天才や傑出した人たちが持つ特徴の一つであり、発達障害とも関連が大きい。


本書は、天才や傑出した異能を持つ人々について、さまざまな側面から検討を加えたものである。彼らの人生の軌跡をたどり、周囲の人々や社会との関係を探るとともに、発達障害や精神疾患の視点から論じた結果について述べていきたい。

執筆にあたっては、文春新書編集部の西本幸恒氏に多くの助言と励ましを頂きました。ここに感謝の意を捧げます。

目次

天才と発達障害

「空気が読めない」「こだわりが強い」／アッシジの聖フランチェスコの弟子／サヴァン症候群の圧倒的な記憶力と計算力／『レインマン』／「裸の大将」山下清／記憶の画家フランコ／軍事の天才、大村益次郎／語学の天才、島倉伊之助／進化論の祖、ダーウィン／アインシュタインの孤独／ヴィトゲンシュタインの失読症／他人の感情に無頓着／サティの強烈な服装へのこだわり／シャーロック・ホームズ／ドイルの生涯／過剰な集中力と常同性／江戸川乱歩の「人間嫌い」

第三章　創造の謎と「トリックスター」

天才とは精神病的なのか？／「知能」と「創造性」は別モノ／創造に必要な条件／集中と熱中、そしてマインド・ワンダリング／天才は狂気を持つ／クレッチマーの天才論／東大医学部に保存されていた「傑出人の脳標本」／傑出者に「人格障害」が多いとする研究／「うつ病、躁うつ病」の顕著な多さ／作家に多い「うつ病」と「アルコール依存」／トリックスター／シェイクスピアの『夏の夜の夢』／『ライ麦畑でつかまえて』／孔子十哲／源義経／「美濃のマムシ」斎藤道三／庶民宰相、闇将軍／セレンディピティ

本文中の敬称は省略させていただきました。

第一章
独創と多動のADHD

刻苦勉励の人、野口英世には濃厚なADHDの特性があった

「異脳」の人々の精神は常人と何が違うのか？

型にはまった状況を打ち破って、これまでとまったく異なったアイデアを実行したり、あるいは異色の「作品」を創造したりすることは、天才と呼ばれる人においてもたいへんな突破力が必要となる。

とくに日本のような伝統的な社会においては、何か新しいことを起こすには事前にさまざまな根回しが必須となる。そのため、斬新な企画を考案しても作業のスピードはあっという間に減速してしまい、当事者の気力もしぼんで、人々の関心も薄れてしまうことになりかねない。

歴史に残る何かを成し遂げた人や、大きく世の中の仕組みを変える働きをした「天才」たちをみてみると、どこか尋常ではない、過剰な集中力を持っていることが多い。普段はいくらか、あるいはかなりずぼらであったとしても、特定の一点になると、見違えるほどの能力を発揮し、常人とはまるで異なるパワーで物事を成し遂げてしまうのである。

このような「異脳」の人たちにおいては、本人の能力が飛びぬけてすぐれていることはもちろんであるが、彼らのもつ過剰な集中力が発達障害など何らかの精神的な特性と関連していることは珍しくはない。

本章においては、創造性と才能という興味の尽きないテーマについて、発達障害との関連に注目しながら検討を行いたい。

大胆、反抗、好奇心、過剰集中

これまで創造性については、過去の哲学者、心理学者、あるいは精神医学者がさまざまな方法で検討してきた。米国の著名な精神医学者で統合失調症研究の世界的権威であるナンシー・C・アンドレアセンは、創造的な人の特徴として次の点をあげている。

まず創造的な人々は、開放的で大胆であるとともに、しばしば反抗的であるという。彼らは世の中の「常識」に簡単に従うことはせず、独自の方法で物事に取り組む。さらに彼らは、リスクや冒険を好み、探求することに熱心である。ハイリスク・ハイリターンを好むあまり、短い期間で燃え尽きて消えてしまうことも珍しくない。

彼らは周囲からの反対に直面しても、やり通すパワーを持っている。新しいやり方を行おうとするために、周囲からは何度も拒絶されやすい。それでも彼らはへこたれないし、周囲の拒絶という壁を乗り越え、あるいは常識という壁を打ち破って前進しようとする。

これに加えて創造的な人々は好奇心に富んでいる。彼らは一般的な社会では隠されていること、見過ごされていることを探求しようと試みる。彼らはエネルギーに満ちており、いったんある課題に熱中すると、過剰なまでにそれに取り組むのである。このような「天才」の特性は、次に述べる「マインド・ワンダリング」という現象と関連が大きい。

マインド・ワンダリング

マインド・ワンダリングとは、心理学における概念である。これは、現在行っている課題や活動から注意がそれて、無関係な事柄についての思考が生起する現象のことを指す。たとえば学校の授業中、ふと気がついたら「夕方どこに出かけようか？」と考えている。あるいは車を運転中、はるか昔の出来事について思い返す……こうした心理状態に陥ることは、誰でも心当たりがあるのではないだろうか。マインド・ワンダリングは身近で日常的な現象であり、人間は目が覚めている時間のうち約30〜50％を「心ここにあらず」の状態で過ごしているという指摘もあるほどだ。

マインド・ワンダリングは意識的なものと無意識的なものに大別される。またその内容や広がりも、時間（未来、現在、過去）、自己との関連性、モダリティ（言葉、映像）などで分類され、多様なものが含まれる。これまでこの現象はごく日常的なものとされ、注目されることは少なかった。だが最近になって、重要な精神現象として見直されてきている。過去の多くの研究では、マインド・ワンダリングについてはネガティブな影響が強調されてきた。たとえば、学校の授業中に起こるマインド・ワンダリングは、講義内容の理解を妨げると言われ、ある研究では、マインド・ワンダリングが頻回であるほど、講義に関する記憶は低下していたことが示されている。

また、マインド・ワンダリングがマイナスの感情を伴ったり生み出したりすることがあることは、多くの研究で認められている。とくに過去の出来事に関するマインド・ワンダリングは、幸福感を減弱させやすい。

さらに、マインド・ワンダリングは、外界への注意や警戒の低下につながり、交通事故のリスクを高めてしまうマイナス面も持ち合わせている。

マインド・ワンダリングのプラス面

このように当初、マインド・ワンダリングは否定的にとらえられていたが、最近になってポジティブな側面が注目を集めている。その代表的なものが、マインド・ワンダリングと創造性の関連である。

科学や芸術の分野における斬新な発想や独自の視点は、定型的なルーチンワークを重ねても、なかなか生まれてくるものではない。むしろ、常識とは異なる発想が重要となることが多い。

わが国の心理学者である山岡明奈と湯川進太郎（両者とも筑波大学）は、「拡散的思考」（発散的思考）が創造性における重要な要素であると考え、マインド・ワンダリングの研究を進めた。拡散的思考とは、新しいアイデアを多く生み出していく思考方法である。あるテーマに対して、探索的にさまざまなアプローチを試行錯誤していくといった手法をとるものである。

例をあげると、ある「もの」の新しい使い方や意味には、一つの正解があるわけではない。楽器、言葉、数学的概念、絵筆、あるいはコンピューターなど、あらゆる「もの」の使い方や意味は、無数に存在している。それを試行錯誤的に検討するのが拡散的思考の特徴である。

拡散的思考には、思考の流暢性（発想の数の多さ）、柔軟性（発想の多様さや柔軟さ）、独自性（発想の非凡さや稀さ）など、創造性につながる要因が関連していることが明らかになっている。

拡散的思考の対極にあるのが、「収束的思考」である。これは既知の情報から論理的に思考や推論を進めていき、正解に到達しようとする方法である。この場合、正解にたどり着くには多くの情報を集めることが必要となるが、必ずしも特別な能力を必要とはしないことが多い。

創造性とマインド・ワンダリングの関係

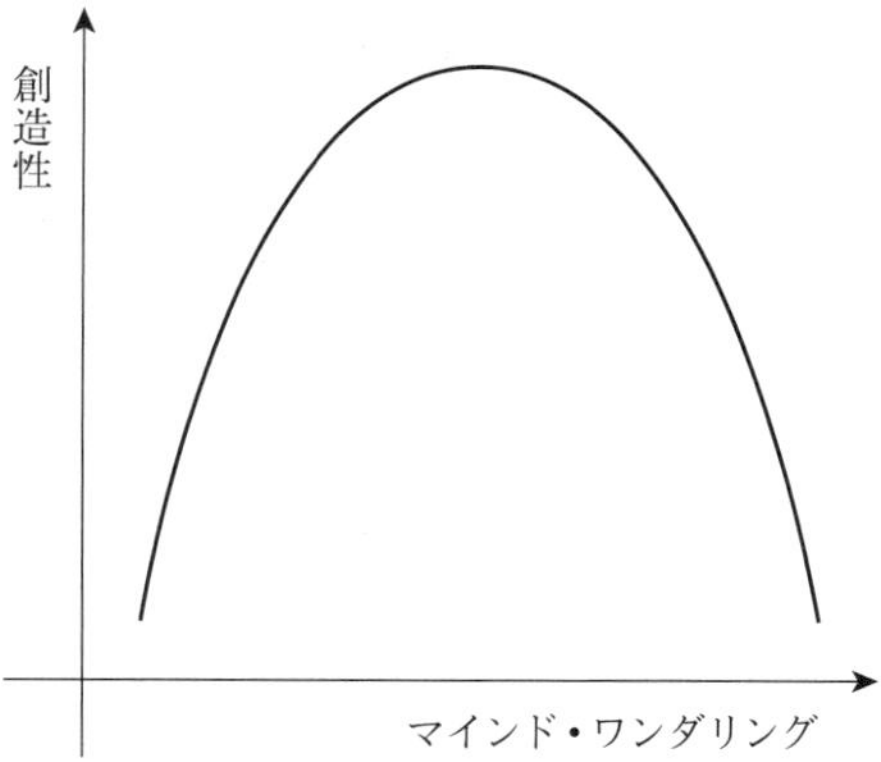

一方で拡散的思考は、既知の情報を元にしながらさまざまな方向に考えを巡らせて、まったく新しいアイデアを生み出そうとする。一つの正解を求める収束的思考と異なり、自由な発想によって無限にアイデアをふくらませていく創造力が必要となるが、誰にでも可能というわけではない。

前述の山岡らが、538人の大学生を対象に創造性とマインド・ワンダリングの関連を検討する実験を行ったところ、マインド・ワンダリングの傾向と創造性の間に逆U字の関係がみられた。具体的には、ほどよくマインド・ワンダリングが行なわれていることが創造性につながり、マインド・ワンダリングが少なすぎても多すぎても、創造性への寄与は減少していた。

マインド・ワンダリングは、未来に対するプランニング機能を有し、問題解決を促進するという利点を持つ。さらに、マインド・ワンダリングがポジティブな気分をもたらす効果があるという報告もみられる。とくに興味のあることに関してマインド・ワンダリングをしている際は、気分の改善を示すことが指摘されている。

マインド・ワンダリングとＡＤＨＤ

ただ、プラス面ばかりではない。最近になって、マインド・ワンダリングは、うつ病や躁うつ病といった気分障害、強迫性障害（強迫神経症）、ＡＤＨＤ（注意欠如多動性障害）といった精神疾患と関連が大きいという報告が増えている。

持続的で否定的な内容のマインド・ワンダリングは、憂うつ感や不安を高めやすい。英国シェフィールド大学心理学部のジュリア・ポエリオらの研究では、ネガティブな感情は、過去のネガティブな出来事のマインド・ワンダリングを増加させ、マインド・ワンダリングの後にさらに気分低下を引き起こすことを示している。しかし、気分障害とマインド・

ワンダリングの直接的な関係を検討した研究は少なく、確定的な結果は得られていない。精神疾患の中で、とりわけマインド・ワンダリングと関連が大きいのは、ＡＤＨＤである。ＡＤＨＤは、「不注意」と「多動・衝動性」を主要な症状とする発達障害である。

「不注意」の症状としては、「注意集中ができない」「注意の持続に問題がある」「外部からの刺激により注意がそらされる」などがあげられる。児童期においては、忘れ物やものをなくすことが多い。また成人になってからは、ケアレスミスが多かったり、同じ間違いを繰り返したりしやすい。

多動としては、児童期には、「手足をモジモジさせ、キョロキョロする」「授業中の席から離れる」「じっとしていられない」などの症状がみられる。ケースによっては衝動性が強くみられ、外部からの刺激に対してすぐに怒り出したり、暴力的になりやすい。成人になると多くの場合多動はおさまるが、内的な衝動性が持続していることはよくみられる。

ＡＤＨＤの思考様式は、「常に頭が働いていて、頭の中が考え事でいっぱいである」「同時に複数の思考が浮かび制御ができない」「短期間で次から次に複数の考えの間をいったりきたりする」などと表現されることが多い。これらの現象は、マインド・ワンダリングと一致する面が大きい。

成人におけるＡＤＨＤの有病率は、３〜５％程度とする報告が多い（小児ではさらに高い）。もっともＡＤＨＤを疾患（障害）と考えるか、特性（性格）とみなすかについてはさまざまな議論がある。

カリフォルニア大学のマイケル・フランクリンらの大学生を対象とした研究では、マインド・ワンダリングとＡＤＨＤの症状に強い相関が認められている。同様にハーバード大学のポール・セリらの研究でも、自然発生的なマインド・ワンダリングとＡＤＨＤの症状は関連していることが示された。

筆者らの施設でもＭＷＱ（Mind Wandering Questionnaire）とＭＥＷＳ（Mind Excessively Wandering Scale）という評価スケールを用いて成人期のＡＤＨＤ患者のマインド・ワンダリングを調べたところ、ＡＤＨＤの主症状である不注意、多動性、衝動性とマインド・ワンダリングはいずれも正の相関を示した。つまりＡＤＨＤの症状が強くみられるほど、マインド・ワンダリングの症状が明瞭であった。これら２つのマインド・ワンダリングの評価スケールはいずれも自記式の尺度で、被験者の自覚的な症状を反映している。

さらにマインド・ワンダリングは、創造性を成す拡散的思考を促進することが報告されている。ＡＤＨＤの当事者に関しては、芸術家や新しい事業の創出に力を発揮している人が少なからず存在していることも事実である。これは彼らのマインド・ワンダリングがプラスの方向で機能した結果と考えられる。

米国の心理学者トム・ハートマンによれば、ADHDの症状と考えられているものは、長所ともみなせるという。たとえば、「計画性がない」点は「柔軟である」とも言えるし、「指示に従うのが苦手」であるのは「自立している」とも考えられると述べた。

この章においては以上のような視点から、発達障害、とくにADHDの特性をもつ傑出者、著名人について彼らの足跡をたどってみたい。

野口英世の知られざる素顔

野口英世（1876～1928）と聞くと、何を思い浮かべる人が多いだろうか。今日では千円札の肖像画を思い出す人が最も多いかもしれないが、ノーベル賞候補にも複数回ノミネートされた高名な医学者である。貧しい暮らしの中で刻苦勉励によって世界的な発見を成し遂げた努力の人、あるいは幼児期に負った左手の障害を乗り越えた不屈の人物といった逸話もよく知られている。

『遠き落日』（渡辺淳一）は野口英世の生涯を描いた小説だが、この作品には従来の伝記には描かれなかった英世の実像が数多く登場する。本書はこの小説の記載を参考にしつつ、英世のパーソナリティを分析してみたい。

英世は1876（明治9）年に福島県耶麻郡三ッ和村に生まれた。生家は農家であったが、父親は酒好きの放蕩者でほとんど収入を使い果たしてしまい、母シカの働きによって家計が支えられていた。

幼少期に囲炉裏に落ちた英世は左手に大やけどを負い、左手の指が癒着してしまう。近所の子供たちから「てんぼう」とからかわれ、いじめの対象とされたが、その頃から英世の優秀さは際立っていた。小学4年の時には級長となり、さらには代用教員に指名され、教壇に立って教師の代わりに授業をするほどの能力があった。

高等小学校を卒業後、英世は上京する。東京で彼は開業医に弟子入りし、ほぼ独学で医術開業試験に合格した。当時は医学校を卒業していなくても、わずかな可能性ではあるが、独力で医師国家試験を受験して医師になれる道が残されていたのである。

この時期の英世の努力にはすさまじいものがあった。自分をナポレオンにたとえ、深夜まで医学の勉強をし、さらに英語、ドイツ語、フランス語もマスターした。

だが、医師の資格を得たと言っても、学歴も後ろ盾もない英世の生活は楽ではなかった。

その原因には、彼の極端な浪費癖があった。

英世は借金魔であった。身近な人からは、常識的な限度額を超える借金をしたが、それを返済することはほとんどなかった。しかも、宵越しの金は持たないとばかり、手持ちの金はあるだけ酒席などに蕩尽したのである。後に英世が米国留学するときにも、当時の婚約者から支度金として受け取った大金を一晩で使い果たしてしまったことが知られている。

このような非常識な豪遊をする一方で、英世の研究に対する打ち込み方には尋常ではないものがあった。日常の彼の生活にはプライベートな時間というものがほとんどなかった。朝も昼も夜も研究に没頭し、まさにぶっ倒れるまで研究に明け暮れた。

米国での自宅で、英世は寝間着というものを着たことがなかった。疲れたら靴をはいたままベッドに横になり、眼がさめるとそのまま顔も洗わず机に向かった。ロックフェラー医学研究所の仲間は彼のことを「人間発電機（ヒューマンダイナモ）」「24時間仕事男（トゥェンティフォーマン）」などと呼んでいた。

とくに英世は、病原体の培養などに必要な試験管の操作まですべて1人でこなしていたことで有名である。部下に任せることもできたが、そのために実験が不完全になることを恐れて、すべて自分の手で行ったのだった。

研究について議論するとき、英世の思考はとどまることがなかった。彼の話は果てしなく続き、相手が疲れて逃げ出そうとしても追ってくる。ただし、彼の話は絶えずつまずき、時には意味不明となる。英世の思考は前述のマインド・ワンダリングの極みであったのかもしれない。

過剰なまでの集中力、衝動的な浪費癖と生活力のなさは、英世のADHD的な特性を示唆するものである。日本が世界に誇る数々の医学研究の業績は、このような特性と関連が大きかったのである。

異形の科学者、南方熊楠

博物学者、**南方熊楠**（1867〜1941）は怪人である。その行動が常人からはかけ離れているだけではなく、明らかにその才能において天才的な人物である。

熊楠は明治維新が始まった年に和歌山市で生まれた。熊楠の生家は雑貨商を営んでいて、経済的には恵まれていた。

熊楠は幼いころから好奇心が旺盛だった。生家には反古紙が山と積まれており、彼は反古に書かれた絵や文字をむさぼり読んだという。

熊楠には、生来異常な記憶力の良さがあった。少年時代の彼は、江戸時代の百科事典である『和漢三才図会』105巻を読破してすべてを記憶してしまった。さらに『本草綱目』『諸国名所図会』なども一度読んだだけであらゆる内容を頭に入れることができ、自らの手で写本を作ってしまうほどだった。

長じて高名な生物学者、博物学者となった熊楠であったが、決まりきった学問の方法は肌に合わなかった。彼は自らの興味の赴くままに野山を歩き回り、植物や昆虫を採集することを好んだ。このような自然の中の生活から、欧米においても評価を受けた質の高い研究が生み出されたのだった。

中学時代の熊楠は学校の授業には頓着せず、人類学や解剖学の原書を読み漁ったかと思うと、昆虫や植物を採集しようと、何日も野宿して山の中を走り回った。それでも彼は真面目一方というわけでもなく、仲間をひきつれて町を歩き、「弁慶のフンドシの質流れありませんか」などと言って、店主をからかって遊ぶこともあった。

熊楠には、ひとつのことに打ちこむと他のことを忘れてしまう過剰集中の傾向が強かった。学校の勉強でも、嫌いな数学などには見向きもせず、試験の答案を白紙で出したこともあった。

また彼は癇癪《かんしやく》持ちで、いったん怒り出すと身震いするほど怒り狂って、自分でも抑えられなくなることがあった。このような衝動性と過剰集中の傾向は、ADHDの特徴を想起させる。熊楠本人は、「自分が学問に打ち込むのは、怒りっぽい気性を落ち着かせるため」と述べていた。

20代、米国留学中の熊楠は経済的に困窮し、フロリダの食料品店に住み込みで働いていた。その頃、彼はサーカス団の下働きを務めたことがあった。彼ら一同は中南米を興行して回ったが、キューバに滞在中、地元民の反乱が起こった。熊楠はこの革命軍に賛同して参加し、各地を転戦したという説もある。その後、英国にも長期滞在し、海外でも学者として活躍した。

熊楠の生涯は、通常の精神医学の物差しでは計りきれないものがある。彼の業績は偉大であり、英国の一流科学雑誌『ネイチャー』に掲載された論文の数は、いまだに熊楠が日本人トップである。

「東京ラブストーリー」

ここで箸休めに、フィクションの世界にも目を向けてみたい。フィクションの中の主人公は、その時代の求める理想を体現している。ドラマや小説の中における主人公は、しばしば伝統的な日本的「ルール」に反した行動をみせる。一方で、彼らの無鉄砲で衝動的な行動は魅力的でもある。

少し古い作品になるが、1991年に「東京ラブストーリー」（フジテレビ系）というドラマが大ヒットした。この作品は90年代の「月9」の代表作の一つであり、「月曜の夜にOLが街から消える」とまで言われた。原作は、88年から『ビッグコミックスピリッツ』に連載された漫画で、タイトル通り東京を舞台にした4人の男女を巡るラブストーリーである。小田和正の歌う印象的なテーマ曲を思い出す人も多いかもしれない。主な登場人物は、愛媛から東京に出てきたばかりのサラリーマンである永尾完治、完治の同僚である赤名リカ、完治の高校時代の同級生だった医学生の三上、そして同じく元同級生のさとみの4人である。彼らが繰り広げる恋愛模様が描かれていく。

ヒロイン赤名リカの印象的なキャラクターは、当時の多くの視聴者にとって衝撃的なものだった。帰国子女であるリカは、自由奔放で周囲のコントロールがきかない女性である。何事においても他人の思惑を気にすることなく、自分の感情のままに動いてしまう。

そんなリカの行動に、完治は翻弄され、何度も振り回される。だが、リカには悪意があるわけではなく、わざと周囲を操作しようとしているわけでもない。完治と恋愛関係になったリカは、不倫関係にあった上司とあっさりと別れ、完治に一途に気持ちを傾けるが、彼はストレート過ぎるリカを受け止めきれない。完治にとって恋人であるリカが次第に重荷となっていく。

「明日、この恋がどうなるって考えて人好きになるわけじゃないし」とリカは心のままにぶつかっていくが、リカの過剰集中的な恋愛は長続きすることはない。最後には「もうだめ、ここまで。電池切れちゃったみたい」と自ら別れを告げてしまう。

リカのセリフには、ハッとさせられる印象深いものが多い。彼女は、ごく普通の日本の女性であればとても言いそうもない言葉も平気で口にする。

少し落ち込んだとき、リカは「どんなに元気な歌を聴いても、バラードに聴こえる夜もある」とつぶやく。一途な恋の相手である完治には、「ウソつかないで。全部教えて。誰かと会ったら、誰かとキスしたら、誰か好きになったら。その度に全部教えて。赤い糸に誓って」と詰め寄る。そして、「かーんち、セックスしよ」と誘惑するものだから、ひとたまりもない。

赤名リカにみられるADHD特性

ドラマはヒットしたが、彼女の個性は日本社会に受け入れられたと言えるだろうか。リカが愛した永尾完治は最終的に彼女の強い愛を受け止められなかった。完治がパートナーとして選んだのは、かつての同級生であり古典的な「大和なでしこ」のキャラクターである関口さとみだった。

優秀で能力の高いリカであったが、彼女が恋愛以外の仕事の面において成功したかというと、そうとも言えないようだ。彼らの25年後を描いた原作の続編において、リカはシングルマザーとして奮闘してきた様子が語られる。50代になっても彼女の表情は明るく、自分の人生を悔やんでもいないが、容易な人生でなかったことは明らかである。

赤名リカは、ＡＤＨＤの特性を濃厚に持つ人物として描かれている。ＡＤＨＤの特性を持つ人は、時に刺激的な言動が多く、魅力的な存在となる。彼らは尽きないエネルギーを持っていて、閉塞した状況を打ち破る突破力がある。また周囲の思惑を気にせず、物怖じしない発言をするため、周囲の人からは一目置かれることも多いが、逆にそれが原因で疎んじられることにもなる。

赤名リカは自分の気持ちのままに生きているし、その姿はある意味すがすがしく魅力的に見える。ただ彼女の言動は恋人の完治をはじめ周囲の人たちを振り回し、追い込んでしまい、そして恋愛関係まで破綻させてしまう。

ＡＤＨＤの特性を持つヒロインは一瞬激しく燃え上がり周囲の注目を浴びるのであるが、その輝きは長続きせず、いつの間にか消えてしまうことになる。赤名リカは恋愛の敗者となり、表舞台から消えていった。ただ、リカと別れた25年後の完治のほうも、必ずしも幸福な家庭生活であるとは言えないようだ。これは、日本社会の現実を巧みに反映したものと言えるだろう。

それではリアルな世界のヒロインはどうだろうか。

アナーキストの妻、伊藤野枝

時代をさかのぼると、わが国の戦前の時代においても、赤名リカの先達ともいうべき「突拍子もない」女性たちが実在していた。彼女たちは「大和なでしこ」的な気風に逆らい、男尊女卑の潮流に反旗をひるがえした。

その代表的な人物が、アナーキスト大杉栄の妻であり、また文筆家、社会活動家としても活躍した**伊藤野枝《のえ》**（１８９５～１９２３）である。

大正年間に活躍した伊藤野枝の人生は、まさに「恋と革命」に生きた、短いけれども波乱に満ちた濃密な一生であった。小説『美は乱調にあり』（瀬戸内寂聴）には、伊藤野枝の生涯が赤裸々に描かれている。

野枝は福岡県糸島郡今宿村に生まれた。彼女の父は放蕩者で家業の海産物問屋をつぶしてしまい、趣味の生花と三味線にのめり込んでほとんど仕事をしない人物であった。このため、野枝の母が日雇いなどをしてようやく生計を立てていた。

子供のころから野枝は、何事にもあけっぴろげで、思ったことをそのまましてしまう大胆さがあった。彼女は本の虫で、好きな読書には過度な熱中を示した。一方で、気弱な文学少女ということはなく、兄がいじめられているのを見ると、自ら相手の子供に立ち向かっていくような活発な少女だった。

野枝は、自分の主張を通すためなら学校の校長室でもずかずか入っていくような積極性があり、地方に埋もれてしまうことをよしとしなかった。彼女は猛勉強によって東京の上野高等女学校に編入することができた。

受験勉強をしていたときには、三日三晩徹夜して勉強し、一日死んだように眠る日々だったという。これはまさに過剰集中の状態であった。この時、野枝が上京できたのは、叔父の経済的な援助によるものである。

入学した上野高等女学校で、野枝は英語教師の辻潤と知り合った。辻はダダイストの思想家として、名の知れた人物であった。彼女は女学校を卒業後、いったんは帰郷し親の決めた婚約者の元に嫁いだのであったが、数日のうちに出奔して上京し、辻と同棲を開始してしまう。このため辻には世間の非難が集中し、彼は教師の職を失ってしまう。

辻は英語教師をしているときに、イタリアの精神科医で「犯罪学の父」とも呼ばれるチェーザレ・ロンブローゾの著作を『天才論』と題して翻訳した。この作品は1914年に出版されている。なお、ロンブローゾについては、本書第三章で詳しく述べる。

妻に逃げられた辻は、浅草で「英語、尺八、ヴァイオリンの教授」の看板を掲げたが、その後は放浪生活を送るようになった。彼は自らダダイストと名乗るようになり、多くの文学者に影響を与えた。

泥沼の「四角関係」

野枝は、周囲からいくら批判されてもくじける様子はなかった。彼女は、平塚らいてうが設立した青鞜社に参加し、与謝野晶子ら「新しい女」と親交を深め、自らも評論や小説の執筆を開始する。その他、長谷川時雨、岡本かの子ら、当時の進歩的な女性たちと交流を深めた。1915（大正4）年からは雑誌『青鞜』の編集を任された。野枝の『青鞜』に対する打ち込み方は尋常ではなかった。子供は人に任せて外をかけずり回り、家では部屋に閉じこもって原稿の整理に没頭する日々だった。

野枝が大杉栄と出会ったとき、すでに大杉はアナーキズムの理論家として広く知られた存在だった。大杉は何度も警察に検挙され、刑務所暮らしの経験もしていた。

野枝は大杉と出会い、たちまち恋愛関係となる。野枝は辻潤と子供を捨て、大杉との同棲を開始する。一方の大杉には、内妻がいたばかりか、以前から新聞記者の神近市子を愛人にしていた。そこに野枝が加わって泥沼の「四角関係」となり、挙句のはてに神近が葉山の旅館の一室で大杉に刺傷を負わせるという「日蔭茶屋事件」を起こしている（神近はこの事件で服役したが、戦後は衆議院議員として活躍した）。

野枝の人生は猪突猛進の繰り返しだった。辻との間に2人の子をもうけていたが、大杉との間にも5人の子供を持った上に、著作と社会運動にも精力を注いだ。この野枝の過剰な活動力は、ADHD的な特性を示しているようだ。この特性こそ、常人には真似できない突破力を野枝にもたらしたのであろう。

恋愛にも社会運動にも奔放な活動をみせた野枝であったが、悲劇的な最期を迎えることになる。関東大震災から間もない23年9月16日、野枝は大杉栄、大杉の甥である橘宗一とともに憲兵に連行され、彼らはその日のうちに市谷の憲兵隊本部内で殺害された。この事件の犯人は長く甘粕正彦大尉と言われていたが、最近の研究では否定されている。

一方、野枝に捨てられた辻の最期も悲劇的だった。28年、辻は読売新聞社の文芸特置員という肩書きでパリに約1年間滞在したが、帰国後しばらくして精神的に不安定となり、精神病院への入院、放浪生活と警察による保護を繰り返した。そして44年、辻は淀橋区上落合のアパート「静怡寮」の一室にて、シラミだらけの姿で死亡しているのを発見された。死因は餓死であった。

音楽の天才モーツァルト

劇作家ピーター・シェーファーによる『アマデウス』は、1979年にロンドンで初演された戯曲である。さらに同作品は84年に映画化もされ、大変な評判となった。その内容は、作曲家**ヴォルフガング・アマデウス・モーツァルト**(1756~1791)の生涯を、同時代の音楽家サリエリの視点から描いたものだ。アマデウスとは、「神に愛される」という意味で、モーツァルトのミドルネームでもある。

本書ではシェーファーの戯曲に沿って、モーツァルトの物語を追ってみたい。冒頭は、老いたサリエリの独白から始まる。彼はモーツァルトの存在をねたみ、彼を抹殺しようとしたと告白する（ただし、これは史実とは言えないらしい）。

続く一幕第三場、時代は18世紀にさかのぼり、モーツァルトとサリエリの出会いのシーンが描かれる。サリエリが初めて会ったとき、モーツァルトは未来の花嫁と下品な会話をしていた。

サリエリはモーツァルトの音楽と才能は認めたが、天賦の才能を持った彼を受け入れることができず、逆にモーツァルトを破滅させようと画策する。彼はモーツァルトには友人のような態度を示したが、裏に回ると、潜在的なライバルである彼の成功や出世を妨害したのだった。

戯曲に描かれたモーツァルトだけではなく、現実の彼自身も、その振る舞いや生活ぶりは、人々の反感を買う面があったようだ。彼はいつも落ち着きがなく、終始手足を動かし、その甲高い声は人々を不快にさせたという。

モーツァルトの物言いはしばしば一方的で周囲の意見を聞こうとしないため、傲慢な人物と見なされ、周囲の人は彼から離れていった。本人は「下らぬ奴らが先生、先生と呼ばれたがる。クソみたいな肩書きを有難がるのはどうせ屁みたいな奴に決まっている」と暴言を吐いたが、「親父の言ったことは正しかった。お前は口に南京錠を掛けてろってね、いつも言われていたんです」と述べ、自分の態度に問題があることを認識していた。ウィーンにおけるモーツァルトは、毎日余裕のない多忙な日々を送っていた。次に示すのは、姉にあてた手紙の一節である。

「いつも朝六時には髪のセットを終え、七時には服装もきちんと整えている。それから九時まで作曲をし、九時から午後一時まで個人レッスン。そのあと昼食をとるが、どこかの家に招かれて二時か三時から昼食ということもある。（中略）夕方五時か六時までは作曲の仕事ができない。その時間にも、コンサートが入ることがある。コンサートがなければ、九時ごろまで作曲する。そのあと愛しのコンスタンツェのもとへ行くが、彼女と会える喜びも、たいてい彼女の母親の辛辣な言葉で半減してしまう」（メイソン・カリー『天才たちの日課』フィルムアート社）

子供時代から、彼は「神童」だった。4歳にしてすぐに楽曲を覚え弾くことができた。まもなく作曲も行うようになった。12歳で最初のオペラを作曲している。この当時の様子は次のように記されている。

「課題を与えられると即興で曲を作り、父親の杖で乗馬ごっこをして部屋じゅう走り回るこの子を見て、ヨーロッパの教授たちは仰天した」(イリングワース『才能の発見』岩崎学術出版社)

豊田泰の評論『モーツァルト』によれば、モーツァルトは型破りな人物で、家事の処理、金銭の使い方、遊びに興じた際の節度などには無頓着だった。モーツァルトはひどく熱中するか、あるいは物ぐさであるかのどちらかで、中庸ということがなかったという。

彼の生徒の回想によれば、レッスンの途中で急にモーツァルトは飛び上がり、テーブルや椅子をぴょんぴょん飛び越えて、猫の鳴きまねをしてとんぼ返りをすることもあった。

有名になったモーツァルトはかなりの収入があったにもかかわらず、常に周囲に借金を重ねていた。モーツァルトはリサイタル、演奏会、個人レッスンなどの収入があり、その合計は年収約1万グルデンだったと推定されている。当時のウィーン総合病院の院長の年収が約1200グルデンだったことを考えると、モーツァルトの年収はかなりの金額だった。

それにもかかわらず、モーツァルトは頻繁に借金をしていた。その目的は、ギャンブルで負けた分の穴埋めだった。同時代人の証言によれば、「モーツァルトはトランプ賭博や賭けビリヤードに血道を上げる賭博狂」であったと評されている。

彼は「妻が病気なので」「妻が保養旅行に行くので」などと理由をこじつけていたが、じつはすべてギャンブルでつくった借金のせいだった。このようなエピソードは、野口英世の浪費癖を彷彿とさせる。

衝動的で落ち着きがなく、ギャンブル好きのモーツァルトはADHDの特性を持っていたと考えられる。今後そのような観点からモーツァルトの生涯を検討することは、音楽史に新しい視点を提供するかもしれない。

『トム・ソーヤーの冒険』

『トム・ソーヤーの冒険』は、米国の作家**マーク・トウェイン**（1835〜1910）による児童文学作品である。

舞台はミシシッピ川のほとりのミズーリ州セント・ピーターズバーグという架空の小さな町である。主人公のトム・ソーヤーは、そこで暮らしている少年だ。トムとその友人たち、トムの弟で生真面目な優等生シッドが主な登場人物である。トムとシッドは亡くなった母の姉である伯母のポリーの元で暮らしている。

トムは学校嫌いな無鉄砲な少年。いたずらをすることに情熱を傾けていて、いつも先生や伯母さんに怒られているが、意に介さない。町外れで暮らしている少年「宿無しハック」ことハックルベリー・フィンはトムの親友で、いたずら仲間でもある。

悪さをとがめられても、トムは一瞬の内に忘れてしまい、すぐに外に飛び出して逃げてしまう。教会においても、トムは隣の男子とけんかを始める。先生が割って入ると一瞬やめるが、すぐに隣の子供の髪の毛を引っ張ったり、針をさしたりする。

トムの物語は、マーク・トウェインの実体験を反映したものらしい。彼の自伝によれば、幼児期のマークは体が弱かったが、気まぐれで世話のかかる子供だった。後にマークはそのことを母に聞いてみたという。

「母さんは始終私のことが心配だったでしょうね？」
「それは心配だったよ、ずっとね」
「育たないんじゃないかって？」
「そうじゃない、もしこんな子が育ったらどうしようかって」

小学校に入ったマークはすぐに学校の規則を破り、繰り返したら鞭で叩かれることになった。マークの悪戯がいよいよ極端になったとき、母親は彼を教会に行かせたが、効果はなかった。

1870年代から80年代にかけて、マークの一家はクォリー・ファームという屋敷で夏を過ごしたが、マークはここで多くの作品を執筆した。彼は朝食をとった後、離れに引きこもり、5時の夕食の時間まで食事も休憩もとらずにぶっ通しで仕事を続けた。彼は執筆をしているときも、していないときも、ずっと葉巻を吸い続けていたという。

マークの一生はアップダウンの激しい人生だった。76年に出版された『トム・ソーヤーの冒険』がベストセラーとなり、いちやく巨万の富を得たマークであったが、無意味な浪費や投資を繰り返し、株の投機の失敗などで一時は破産状態となった。

トム・ソーヤーにもマーク自身にも、ADHDの特性が濃厚に見える。前述の米国の心理学者ハートマンは、ADHDの特徴である「計画性のなさ」は「臨機応変」でもあり、「むこうみず」は「危険を顧みない」ともみなすことができると述べている。マークの浮き沈みの激しい人生は、このようなADHDの特性を反映しているようだ。

マーク自身はさまざまな仕事を転々とした後に米国を代表する作家となり、過去においても現在でも、米国で最も人気のある作家である。アーネスト・ヘミングウェイも、「あらゆる現代アメリカ文学は、マーク・トウェインの『ハックルベリー・フィン』と呼ばれる一冊に由来する」と称賛している。

マークにはさまざまな作品があるが、晩年の小説『不思議な少年』は魅力的な一作である。16世紀のオーストリアの小村に、ある日サタンと名乗る美少年が現れる。村の少年たちは、サタンとともに不思議な世界へ入りこんでいく。『トム・ソーヤーの冒険』の明るい世界とは対極的なペシミスティックな世界観が語られているが、奇妙なユーモアと救済が語られている傑作である。

ADHDの特性とその才能は、人生の長いスパンで見守る必要があるという好例なのかもしれない。

発達障害の才能を活かせる仕事とは？

近年、職場の管理化やコンプライアンスの重視などが叫ばれるようになった。その影響で、どこかはみ出した側面を持つ発達障害の人々が、通常の仕事の現場において不適応を示すことが起こりやすくなっている。一般にADHDにおいてもASD（自閉症スペクトラム障害）においても、総合職的な職種は苦手であることが多い。

以前、昭和大学附属烏山病院における発達障害の通院患者を対象として、仕事の内容を調査したことがあった。調査の結果、ASDの人々は定型的な事務職が多く、ADHDの人々は専門職が多数を占めていた。

ASDは黙々と定型的な作業を継続することは得意なことが多いが、途中で周囲から話しかけられたり、新しく指示されたりすると混乱しやすいため、比較的変化の少ない事務的な業務が向いている。

一方、ADHDは「静かな」デスクワークは苦手であり、とくにマルチタスク状況になると混乱しやすい。彼らは自分の裁量で仕事を企画し、自分のペースで作業を行うことが向いている。具体的には、イラストレーター、作家、コピーライター、プログラマーなどの分野で成功している人が多い。

昭和大学附属烏山病院の調査の結果では、ASD348例においては、事務従事者が54%、専門的・技術的職業26%、運輸・包装・清掃8%、サービス業5%であった。

一方、ADHD145例においては、専門的・技術的職業48%、事務従事者34%、サービス業6%、運輸・包装・清掃5%という結果だった。

現実の社会で自分の特性に合った仕事につくことは容易とは言えないが、発達障害の特性をプラスに生かせる職種においては、仕事への適応も良好であるケースが多いようである。

『窓ぎわのトットちゃん』

そのような意味で、タレントや歌手などの芸能関係者においては、ADHDの特性を持っている人が多いことはうなずける。

『窓ぎわのトットちゃん』は、現在も司会者、女優として活躍している**黒柳徹子**（1933〜）の自伝的物語で、1981年に出版されてベストセラーとなった。

物語の舞台は、目黒区にあるトモエ学園である。この物語において、黒柳徹子は「トットちゃん」として登場している。これは、当時の彼女が自分の名前の「徹子」を「トット」と発音していたことにちなんでいる。

トットちゃんは落ち着きのない子供で、問題児だった。授業中に机のフタを何度も開けたり閉めたりする。先生が注意をしても言うことを聞かない。ノートや筆箱、教科書などを机の中にしまったかと思うと、今度はそれらをひとつひとつ取り出すのだ。

トットちゃんが起こす困りごとは、これだけに留まらなかった。机のバタバタを止めたかと思うと、今度は授業中に窓際にずっと突っ立って外を見ていた。先生は静かにしているならいいと思ってみていたが、突然窓の外に向かって「チンドン屋さーん」と叫んだのだ。彼女はチンドン屋を教室に呼び込もうとしていたのだった。

トットちゃんが話しかけるのは、チンドン屋だけではなかった。彼女は教室の屋根に巣を作っているツバメにしきりに話しかけることもあった。先生は授業を進めることができずに困り果ててしまう。そしてついにトットちゃんの親は担任の教師から「おたくのお嬢さんがいると、クラス中の迷惑になります。よその学校にお連れください」と言われてしまい、小学校を1年生の時に退学させられた。

新たに入学したトモエ学園は、トットちゃんを温かく迎え入れた。トットちゃんはいつも陽気で忘れっぽかったが、本人は、自分が他の子供と違っていて、どこか冷たい目で周囲から見られているという不安をいつも感じていた。ところが、トモエ学園の校長は、彼女のすべてを無条件に受け入れてくれたのである。

ＡＤＨＤなどの発達障害を伴う子供は、学校の中で浮いてしまいやすい存在であり、しばしばいじめの対象となる。本人も疎外感を持ちやすい。

そのような状況を避けるためには、トモエ学園のように少人数クラスで個別対応することが何よりも重要である。しかし、日本の初等教育にはそうした対応をするところがほとんどない。

子供時代に問題児とみなされたトットちゃんであったが、その後の活躍はよく知られている通りである。黒柳徹子は女優や司会者として人気者となり、80歳を超えた現在でもキー局でレギュラー番組を担当している。

ももこはいつも「うわの空」

漫画家やイラストレーターなど、美術関連の職業についている人に、発達障害、とくにＡＤＨＤの特性を持つ例が多いことはすでに述べた。

『ちびまる子ちゃん』は雑誌『りぼん』で1986年から連載が始まった人気漫画で、その後テレビアニメやドラマにもなった誰もが知る作品である。作者の**さくらももこ**（1965〜2018）は自伝的エッセイ『まる子だった』で自らの生い立ちを明かしているが、全編を通じてADHDを思わせるおおらかな不注意さが彩を添えている。冒頭の一節「『うわの空』の詳細」においても、子供時代における顕著な不注意さが述べられている。

「授業中、私はいつでも自己流に過ごしていた。先生の話もみんなの意見も何もきいていないのである」

ADHDの人に子供時代を振り返ってもらうと、似たような思い出を述べることが多い。先生の言葉は耳から聞こえているが、そのまま通り抜けてしまい、頭の中で定着しない。話に集中することができないため、話が長くなると内容が抜け落ちてしまうという。

「では何をしているのかといえば、雑誌の連載漫画のつづきを気にしていたり、自分の欲しいオモチャやペットの事を考えたり（中略）ノートの隅にらくがきしたり、まァいろいろとやる事はあったのである」

授業に集中できない彼らは、さくらももこが述べているように、ボンヤリと白昼夢にふけっていた。これはまさにマインド・ワンダリングである。さらに彼女は勝手に「内職」をしているか、あるいは周りの子供にちょっかいを出して先生から注意される。

ももこ本人は、決してボンヤリなんかしていないと考えていたし、常に何かを考えていたのだから頭もめまぐるしく使っていると思っていたのであったが、母親から「あんたは毎日うわの空で生きているから忘れ物や失敗ばっかりするんだよ」と指摘されてびっくりしたという。

このような不注意さに加えて、ももこは片付けも苦手だった。これもＡＤＨＤに特徴的な点である。

子供時代、ももこは姉と共同の子供部屋で暮らしていたが、彼女は部屋をすぐに散らかしてしまい、そのうえ虫やカエルなどを持ち込んで部屋で飼ったので、姉は嫌がっていたという。さらに姉の持ち物を無断で借りて返さなかったり、勝手に友達を連れてきて大騒ぎをしたりするため、いつも姉に迷惑をかけていた。

ADHDの当事者の多くは、物を捨てられず、整理ができない。片付けが苦手なのは、細かい部分に注目してしまい、全体をまとめて見ることが苦手なためである。

ももこは短大に在学中に漫画家としてデビュー。卒業後に上京して就職するが、2カ月で退職している。まもなく雑誌『りぼん』で『ちびまる子ちゃん』の連載を開始し、たちまち国民的な人気作家となったのは周知のとおりである。

生前に親交のあったビートたけしは、さくらももこについて次のように述べている。

「さくらさんと話した中で、よく覚えているのが確かお祖父さんの亡くなった時のことだよ。お祖父さんは亡くなる時に口をポカーンと開けたまま死んじゃって、それを隠すためにほっかむりみたいなのを頭に巻いて納棺したんだって。本当は白いさらしの布がよかったんだけど、見つからないからしかたなく〝祭〟と赤い字で書かれた手ぬぐいで代用したんだよな。

それをさくらさんは『ドジョウすくいの人みたいだった』なんて言ってさ。『今にもクネクネ踊り出すかと思って、あたしゃ笑いを堪えるのが大変だったんだから』ってね。

芸人ならまだしも、女の人が自分の身内をそういう風に引いた目線で見たり、話したりすることはなかなかできないよね。結局、そういうシニカルさというか、ブラックユーモアみたいなセンスがオイラと似ているのかもしれない」（ビートたけし『「さみしさ」の研究』小学館新書）

ゲゲゲの鬼太郎はいかにして生まれたか？

男性の漫画家においても、発達障害の特性を持つ人は少なくない。

水木しげる（1922〜2015）は代表作『ゲゲゲの鬼太郎』によって国民的な漫画家になり、わが国漫画界のレジェンドといってもよい人物である。妻の回想録『ゲゲゲの女房』を原作としたNHKの朝ドラも放映された。水木の故郷である鳥取県では米子空港にも鬼太郎の名前がつけられ、空港の売店には数多くの鬼太郎グッズが並べられている。

水木は大阪で出生し、鳥取県境港市で育った。水木は、変わった子供だった。幼児期に言葉の遅れがあり周囲からは知的障害者と思われて、小学校は1年遅れで入学した。

学校では好き放題をしていた。いつも朝寝坊をして毎日のように遅刻した。授業中も寝ていて勉強はせず、ケンカばかりしていた。仲間の間ではガキ大将的な存在で、隣町のグループとの戦争ごっこに明け暮れた。

子供の頃の水木は、ものを集めるのが好きだった。昆虫採集に加えて、海岸の漂着物、藻や石などをたくさん集めた。新聞の題字集めに凝ったこともあった。一度夢中になると、飽きるまでやめられなかった。

また、水木は絵が好きだった。紙切れとエンピツかクレヨンがあれば、いつも絵を描いていた。主に風景画を描いていたが、絵物語を描くこともあった。高等小学校の頃には絵画の才能が認められ、一日中絵ばかり描いていたこともあった。このようなＡＤＨＤ的なおおらかさと過剰な集中力が、水木の創造力の源泉だったのであろう。

なお、水木の父親もユニークな人物だったようだ。早稲田大学では勉強はせず、歌舞伎や映画に熱中し、故郷の境港に船を浮かべてドンチャン騒ぎをしたこともあった。卒業後、商売を始めたが失敗し、大阪で会社員をしていたが、勤務時間中に映画をみていたのが社長にバレてクビになる。境港に帰って銀行に勤めたが、夜は芝居小屋を借りて映画の上映もしていたところ、やがて銀行もクビになった。その後は保険会社に勤めてジャワ支店に海外出張したり、米軍の通訳をしたりして暮らしていたという。

高等小学校卒業後、水木は大阪で働きながら絵の勉強をした。当初は印刷所の住み込みをしていたが、問題ばかり起こすため短期間でクビになり、版画店に転職した。

転職先でも、水木は何をするかわからない危険人物として扱われ、版画の仕事はさせてもらえず、仕事は使い走りの雑用ばかり。それでも水木の仕事ぶりは不良とみなされた。勤務中でも、水木は自分の興味のあることを優先した。太鼓屋の店先で大きな木の筒に皮を張っているのを見かけると、自転車を止めてじっと観察してしまう。そのため配達物が何時間も遅れてしまい、社長からは「使い物にならない」と言われてクビになってしまった。その後も職を転々とした。

1943年、水木は召集されて陸軍の兵士として戦時下のラバウル（パプアニューギニア、ニューブリテン島）に出征した。空襲の中、水木は命の危険を感じることもなく、爆弾が炸裂する光景をうっとりと眺めていたというエピソードが知られている。だが、最終的には爆撃による負傷で左腕を失ってしまった。

復員してからもさまざまな職を転々とした。染物工場の絵付け、闇物資の買い付けや魚屋などをするが、どれも長続きはしなかった。単純作業は苦手で、しゃべってばかりいて、よく怒られた。

元来絵を描くことが好きだった水木は、26歳のときに一念発起し、美術学校に入学する。

当初は入学資格がないと断られたが、直談判して夜間部に入学を許可されたのだった。だが、最終的には生活に困窮し、中退している。

こうしてさまざまな紆余曲折を経た後、水木は紙芝居作家をへて、漫画家としてデビューした。彼の描いた妖怪のキャラクターたちは、今でも多くの人に愛されている。

第二章
「空気が読めない」ASDの天才たち

20世紀の哲学に大きな影響を与えたヴィトゲンシュタイン

「空気が読めない」「こだわりが強い」

この章においては主としてASD（自閉症スペクトラム障害）の特性を兼ね備えた「創造的な人々」を中心にして検討をすすめていきたい。

ASDは発達障害の代表的な疾患で、以前は広汎性発達障害と呼ばれていたものとほぼ一致している。ASDには、自閉症やアスペルガー症候群が含まれている。

ASDの特徴として第一にあげられるのは、対人関係、コミュニケーションの障害である。ASDの当事者は孤立しやすく非言語的なコミュニケーションが不得手で、他人の表情や言葉のニュアンスなどをくみ取れないことが多い。わかりやすく言えば、「空気が読めない」人が多い。

さらにASDの症状として、特定の事柄に対するこだわりの強さが特徴的である。彼らは興味を持った事柄に、過度に没頭しやすく、その没頭の仕方が独特である。自分の興味の対象を細かく記憶したり、書き上げたりすることに熱中することも多い。また本人なりの「マイルール」を持っていることもよくある。

社会性に障害を持つASDの患者は、平均以上の知的能力を持っていたとしても、対人関係に苦労し、集団生活において様々な問題が生じやすい。たとえば学校では、興味のない授業にはまったく参加しなかったり、他人の気持ちが理解できずに集団から孤立するため、いじめの標的になることが多い。

アッシジの聖フランチェスコの弟子

古い精神医学の教科書を参照すると、ASDに該当する疾患の扱いはごくわずかで、分類や診断名も一定していない。多くの教科書では、自閉症圏の疾患について、レオ・カナーとハンス・アスペルガーが発見したと記載されている。

古典的な自閉症の症例がドイツ系米国人の児童精神科医レオ・カナーによって発表されたのは、1943年のことである。これが、今日に至る自閉症研究の出発点となった。

自閉症に関するカナーの考え方は、現在の概念とは大きく異なるものだった。カナーは今日の自閉症を、「早期幼児自閉症」と命名した。彼は、自閉症は統合失調症が早期に発症したものと見なし、家庭の養育環境などが原因であると考えていた。

このような「養育原因説」は最終的には否定されたが、その後も長期にわたって引き継がれ、理不尽なことに、育て方が問題だったと家族は責められ続けてきたのだった。

じつはカナーらの報告よりはるか以前にも、自閉症と考えられるケースを伝説や物語の中に見いだすことができる。その代表的な例が、『聖フランチェスコの小さな花』という聖人の伝説集に記載されている使徒ジネプロである。

ジネプロは、13世紀におけるキリスト教の聖人、聖フランチェスコの弟子であった。あるとき巡礼中にローマ市民が一同を迎えにきた。けれどもジネプロは、近くにあったシーソーに心をひかれてしまい、市民たちを無視してずっとシーソーをこぎ続けていた。

またある時ジネプロは、いっぺんに2週間分の食事を作ってしまった。このためジネプロは修道院長から叱責を受けたが、彼は後悔する素振りもみせずに、怒っている修道院長の声がしゃがれてきたのを心配し、熱いオートミール粥を手に入れて差し出したという。

ジネプロにみられる特定の事柄へのこだわりと対人関係におけるコミュニケーションのギャップは、今日のASDにおいても共通して認められるものである。

ASDの原因は明らかになっていないが、当初考えられていたように養育の仕方が原因ではないことは明らかになっている。ジネプロのように、宗教上の聖人の特異な言動は、一部はASDの特性によるものかもしれない。

一方でASDの特性を持つ人は、特異な能力を併せ持つことが珍しくない。彼らの思考や問題解決の方略は、本人は自覚していない場合が多いが、常人とは異なる側面がみられ、またそうした独特な視点によって科学的、文化的に重要な課題の解決をもたらすこともある。そのようなＡＳＤの特異な能力の現れの一つとして、サヴァン症候群がある。

サヴァン症候群の圧倒的な記憶力と計算力

発達障害や知的障害を持つ人々において、突出した、時には天才的な才能を持つ一群がみられることがある。とくに有名なのは、「サヴァン症候群」と呼ばれるものである。

サヴァン症候群でみられる天才的な能力は、特定の領域に限定されており、「音楽」「カレンダー計算」「数学」「美術」「機械的・空間的能力」のどれかであることが多い。その具体的な内容としては、「完璧なタッチでピアノを演奏する」「数十年も昔（あるいは未来）の特定の日の曜日を言える」「相当の桁数の複雑な暗算ができる」「写真を少し見ただけで、細部にわたるまで正確に描き起すことができる」などがあげられる。

サヴァン症候群では、このように記憶に関する特別な能力があるにもかかわらず、他の部分の能力は平均的かそれ以下のことも多い。また、サヴァン症候群のおよそ半数に、自閉症か関連疾患がみられるとされている。性別では、大部分が男性である。

サヴァン症候群に関する最初の報告は、１７８３年にドイツ人の作家カール・フィリップ・モーリッツによってなされた。その後、同様の報告をまとめて「イディオ・サヴァン（白痴の天才、Idiot Savant）」という概念を提唱したのが、英国の小児科医ラングドン・ダウンである。ダウンは1887年にロンドンで行われた講演において、先天的な知的障害にもかかわらず特異な才能をもった10人の症例について報告した。彼らの才能は、音楽、絵画、彫刻、計算などさまざまな分野に及んでいたが、すべてのケースで精神遅滞や発達障害が併存していたという。

ダウンが報告した症例においては、非常に精密な船の模型を作るケースや、抜群の記憶力を示して古典（『ローマ帝国衰亡史』）をそのまま丸ごと記憶している症例などが含まれていたが、そのすべてが男性であった。

ある患者は歴史書に執着を示し、古代の歴史上の人物について、その誕生や生活ぶりや死についてまで、あらゆることを詳細に記憶し述べることができた。また、ある子供はロンドン中のキャンディーショップの住所を暗記しており、自分が何月何日にその店に行ったかまで正確に記憶していた。

ダウンの名付けた「イディオ・サヴァン」とは、フランス語の「白痴（idiot）」と「賢者（savant）」を合わせた用語である。その後、白痴（idiot）という言葉は差別的であるとされ、単なるサヴァン症候群という名称になった。

最近の研究において、軽症の自閉症やアスペルガー症候群に伴うサヴァン症候群も報告されている。また実際の臨床においても、知的障害のない高機能のＡＳＤにおいて、顕著な記憶力を伴うケースはまれではない。


『レインマン』


１９８８年に公開された映画『レインマン』は、ダスティン・ホフマン、トム・クルーズという二大ハリウッドスターが共演して大ヒットし、第61回アカデミー賞主要4部門を受賞した。

この映画の主人公であるレイモンドは、サヴァン症候群を伴う自閉症患者である。レイモンド役を演じたホフマンの演技は、専門家の目から見ても実際の患者そのものであると絶賛された。

レイモンドは天才的な記憶力を持っていたが、社会生活に適応できず、幼児の頃から精神病院で入院生活を送っていた。一方、弟のチャーリーは、富豪の父親に反発して家を飛び出し、中古車のディーラーをして気ままな生活を送っていた。

幼い頃に別れた2人の兄弟はお互いの存在を知らなかったが、父親の死をきっかけに莫大な遺産を兄レイモンドが相続することを知ったチャーリーは、それを横取りしようと兄を病院から連れ出した。

レイモンドはすぐれた記憶力を持ち、一度見たものや聞いたものを残らず記憶することができた。レイモンドはモーテルで電話帳にざっと目を通しただけですべて記憶してしまい、翌日に近くの食堂に入ってウェイトレスの名札を見た途端、彼女の電話番号を口走る。彼は飛行機に乗るのが怖いため、空港で過去の飛行機事故のデータを次々に並べたててチャーリーを驚かせた。

タイトルの『レインマン』とは「障害者」を表わす単語であるが、この映画では別の意味にも使われている。チャーリーには「雨が降るとレインマンが来て歌を歌ってくれた」という幼い頃の思い出があった。そして、レインマンとは兄のレイモンドであったことに気が付いたとき、チャーリーのなかに、厄介者と感じていた兄への親しみが芽生えてきたのだった。

レイモンドの行動はこだわりが強く、彼は自ら作った規則によってがんじがらめになっていた。レイモンドは、食事の仕方、着替えの順序、物の置き方など、生活のすべてを決まったやり方で行う必要があった。このように強いこだわりを示す症状は、「強迫症状」あるいは「常同行動」と呼ばれているが、自閉症を含めた「自閉症スペクトラム障害」と呼ばれる一群の疾患に特徴的である。

好物のホットケーキの食べ方にも、レイモンドのこだわりが反映されていた。レイモンドはホットケーキをすべて同じ大きさの四角形に切り、あらかじめ決めた順序通りゆっくり食べるのである。そのルールは何があっても変えることができなかった。これはまさに「常同行動」である。

当初は奇妙な言動を見せるレイモンドを気味悪がって馬鹿にしていたチャーリーであるが、行動を共にするうちに次第に考えを変えていく。レイモンドとチャーリーは、旅を続ける中で心から打ち解けた。

最後の2人の別れのシーンは印象的だ。何か欲しいのかという医師からの問いかけに、レイモンドは「チャーリー、あんただ」と答えたのだった。

「裸の大将」山下清

わが国におけるサヴァン症候群の天才の実例について述べてみたい。

放浪の画家として知られる**山下清**（1922〜1971）の生涯は、1980年から放送されたテレビドラマ「裸の大将放浪記」（フジテレビ系）にもなり、関連書籍も数多く出版されている。

1922（大正11）年に東京・浅草で出生した山下清には、軽度の知的障害がみられた。10代になって彼は、千葉県の知的障害児施設に入所した。この施設で清は「ちぎり絵」に出会い、次第に没頭してゆく。

清には、明らかにサヴァン症候群の特性が認められた。一度目にしただけの風景でも、ちぎり絵に忠実に再現することができた。

清は、15歳のときに創作したちぎり絵がその芸術性から注目されたが、18歳ごろより放浪癖が始まった。清は放浪の様子を次のように述べている。

「僕は八幡学園に六年半位居るので学園があきて　ほかの仕事をやろうと思って　ここから逃げて行こうと思って居るので　へたに逃げると学園の先生につかまってしまうので　上手に逃げようと思って居ました（中略）

朝飯を食べてから人のすきをねらって裏の方へ行って　どぶを一とび飛びこえて　下

駄をぬいではだしになって　上衣は茶かつ（色）だから茶かつの上衣を着たまままとび出すと　学園の近くでかけずり回ると学園の生徒が逃げたと思われるから　上衣をぬいでなるべく人の居ない所をねらって逃げようと思っていました」（山下清『裸の大将放浪記』第1巻、ノーベル書房）

清が金も画材も持たずに全国を放浪したことはよく知られている。彼は荷物をリュックに入れて、線路づたいに歩いて行く。ゆっくりした歩き方で、1里歩いては1時間休むことを繰り返した。食事は物乞いですませ、駅のベンチで寝泊まりをした。冬の間は南の地方にいて、季節とともに北に移動したという。

放浪をしているときの心境について清は、「なるべく真っ直ぐ真っ直ぐと進んで行って青々としてる空の色や　草や木の緑色も気持ちがいいので　景色をながめながら真っ直ぐ進んで行きました」と述べている。

清は放浪中、一枚のスケッチも描かず、メモもとらなかった。しかしその驚異的な記憶力によって、施設に帰って数カ月たってからでも風景の細かい部分まで再現することができた。

記憶の画家フランコ

山下清と同じように驚異的な記憶力を示す画家のケースを、英国の神経学者オリヴァー・サックスも報告している。オリヴァー・サックスは米国コロンビア大学メディカルスクール教授などを務めた一方、開業医としても活動し、『レナードの朝』などのすぐれた医学ノンフィクションも数多く著した。

彼の著書『火星の人類学者』には、「記憶の画家」と呼ばれる**フランコ・マニャーニ**（1934〜）についての詳しい報告がある。フランコは、少年期から長年訪れたことのない故郷の村、イタリアのポンティトの精緻な風景を描き続けたことで知られている。

フランコの生地のポンティトは、ピストイア地方（トスカーナ地方北部）の丘陵地帯にある小さな村である。当時の人口は500人あまりで、オリーブとブドウの栽培などが主な産業の、のどかな田園地帯であった。

ポンティトを大きく変えたのは、第二次大戦だった。1943年、村にナチス・ドイツが侵入し、村人を追い出して略奪の限りを尽くした。戦後になって村に戻った人々は復興の努力をしたが、ポンティトは次第に寂れてしまった。フランコは12歳で村を出て、その後、家具職人の見習になった。

フランコは元来、尋常ではない記憶力を持っていた。彼は一度読んだだけの本のページ、ちょっと聞いただけの話の内容でもしっかり記憶していた。村の墓地の墓碑銘もすべて覚えていた。

このサヴァン症候群を思わせる「機械的な記憶力」に加えて、フランコは別の種類の「情動的な記憶」も持ち合わせていた。それは自伝的な記憶で、ポンティトでの生活におけるさまざまな場面の記憶であった。そうした記憶は突然否応なしにフランコを襲ってくる。その際、昔の場面のリアルな音や手触り、匂い、感覚などを伴っていたという。

この情動的な記憶は、おそらくある種の「映像記憶」である。映像記憶はASDなどの発達障害に多くみられる現象であるが、フランコにASDの特徴があるかどうかについて、オリヴァー・サックスの記述にははっきりしたものはない。

イタリアを出た彼は、船のコックとして働くことを決意し、巡航船に乗り込んだ。船旅を終えた後、フランコは米国サンフランシスコに腰を落ち着けた。ところが間もなく、彼は原因不明の大病に罹患する。高熱と錯乱状態が続いたフランコは、故郷ポンティトで暮らしていた頃の夢を見続けた。

それはすべてが風景で、通りや家々、建物の石組みなどであった。そうした風景は、細部に至るまで鮮明なものであった。目覚めた後もフランコの頭の中はポンティトのイメージに占領され、その強烈なイメージが「自分を描きなさい」と命じているかのようにも感じられたという。

やがて病気から回復したフランコは、これまでまったく絵画の経験がなかったが、絵筆をとって故郷のイメージを描き始めた。彼の描く絵は正確で緻密で、ポンティトそのものだった。しかも、それは荒廃した後のポンティトではなく、フランコの子供時代の美しく賑やかな昔のままの風景だった。

フランコの描く絵は、「神の視点」を持っていることもあった。彼は地上15～150メートルの位置からみた村を描いていた。もちろん、実際にはその高さから村を眺めたことはない。しかしフランコはポンティトのすべての建物、通りなどをあらゆる角度から写真のような正確さで記憶していたため、そのイメージを彼の頭の中で立体的に投影し、はるか上空から眺めた絵として忠実にキャンバスに再現できたのだった。

軍事の天才、大村益次郎

わが国の歴史小説界のレジェンドとも言うべき司馬遼太郎の作品には、ＡＳＤの特徴を示す人物が登場することがある。その一人は、**大村益次郎**（１８２４〜１８６９）である。一般に広く知られているわけではないが、大村益次郎は、明治維新の立役者の一人である。司馬遼太郎は彼を小説『花神』の主人公として描き、１９７７年にはＮＨＫの大河ドラマの原作にもなった。歴史学者の磯田道史は著書『「司馬遼太郎」で学ぶ日本史』（ＮＨＫ出版新書）の中で、『花神』は司馬作品の最高傑作であると論じ、主人公である大村益次郎こそ明治維新の合理主義的な精神を体現した人物であったと述べている。

長州の田舎町で村医者の息子として生まれた益次郎は、郷里を離れて大坂（現・大阪）の適塾に住み込み、緒方洪庵を師として医学とオランダ語の研鑽を積んだ。その驚異的な語学の才能によって、益次郎は適塾の塾頭にまで出世した。適塾の出身は当時の日本社会では大変なインテリであり、各地の大名のお抱えとなる者が少なくなかった。

だが、益次郎は対人関係が苦手で、他人と交わろうとしなかった。「お暑いですね」と挨拶されても、「夏は暑いのが当たり前だ」と返すような変わり者だった。塾の仲間からも変人扱いされ、大名から招聘されることもなかった。郷里で医者として開業しても変人扱いされ、彼の診療所に患者は寄りつかなかった。

しかし、幕末という激動の時代は、益次郎の才能を見捨てなかった。語学にすぐれた彼はシーボルトの弟子の二宮敬作に見込まれて四国宇和島藩に招かれ、ここで技術者として頭角をあらわす。宇和島城に砲台を築いたり、実際に見たことのない軍艦の図面を、オランダ語の専門書を読んだだけで作りあげたりしてしまう。

その後長州藩の木戸孝允は益次郎を藩士として招き、軍制整備を一任した。実戦の経験がないにもかかわらず、益次郎は軍事の天才であった。彼は、オランダ語の兵法書を読むだけで、戦争の情景が生き生きと脳裏に浮かんできたという。

幕末、益次郎は長州藩の司令官として、長州征伐の戦いで指揮をとり、幕府軍と戦って勝利を得た。さらに益次郎は戊辰戦争を指揮し、新政府の樹立に大きな功績を残した。戦場で益次郎は鎧も軍服も着ることはなく、浴衣に百姓笠で指揮をとっていたという。江戸城の無血開城が可能となったのは、益次郎の功績だった。西郷隆盛から新政府軍の指揮を任された益次郎は、佐賀藩の大砲を上野の山に撃ち込む作戦を決行し、彰義隊をわずかな時間で制圧した。益次郎の存在がなければ、新政府軍が幕府に勝利することは難しかったと言われている。

ただ、長州藩においても、益次郎はともかく変人だった。若い藩士が「おはようございます。今日は天気がいいですね」と話しかけても、「天気は見ればわかる」とそっけない。益次郎の弟子の三宮義胤は、「大村先生は食事のかわりに、酒の肴にとうふを食べ、寸暇を惜しんで読書をしていた」と、その変人ぶりを述べている。

語学の天才、島倉伊之助

同じく司馬遼太郎の作品『胡蝶の夢』の主人公である**島倉伊之助**（1839〜1879。のちに司馬凌海と改名）も、ASDの特性が濃厚である。

伊之助は佐渡で天才とうたわれたほど記憶力がよく、8歳で漢詩を賦するような子供であった。彼は水際立った語学の才能を示し、独・英・蘭・仏・露・中の6カ国語をものにした。

伊之助は、師である医師の松本良順に従って長崎の海軍伝習所に行き、オランダの軍医であったヨハネス・ポンペ・ファン・メールデルフォールトに医学を学んだ。伊之助のオランダ語の能力は飛び抜けて優秀だったため、彼がポンペの講義を通訳して皆に講義しなおしたという話が伝えられている。

伊之助の語学の才能については、こんなエピソードがある。医学校に教師として来たドイツ人医師が伊之助と話したとき、あまりに上手に伊之助がドイツ語を話すので「あなたはドイツに何年いましたか？」と聞いたことがあった。だが実際には、伊之助は日本から出たことはなかった。

通訳をする際、伊之助は日本語にない単語はその場で即座に造語するという才能ももっていた。漢文に精通していたため、彼の言葉は、的確な訳語が多かった。蛋白質、窒素、十二指腸などが彼の作った言葉だと言われている。

しかし伊之助は、社会性には乏しかった。身分に無頓着で上司にも礼儀を失し、場の雰囲気を考えずに行動するので皆に嫌われていた。たとえば手術を見学したとき、自分でもすぐに同じことをしたくなり、生きている犬を解剖しようとして周囲を驚かせてしまう。

また旅行中に患者に出くわしたときには、助けてくれと頼まれているのに「自分は医者だが学んだことを憶えるばかりで、脳裏にどういう病気も、病人の形をとって棲息しているわけではない。今はじめて生の病人に接してしまい、じつはなすところを知らない」と正直に告白してしまうのであった。

伊之助は江戸で『七新薬』という蘭方の医書を刊行するまでになったが、それでも、その特異な性格が周囲に容れられることはなかった。日本で最初のドイツ語辞典も彼の手によるものとされている。

一時、伊之助は大学や公立医学所の教授になったが、長続きせず、辞めることになった。齢を重ねていくと、伊之助自身も他人から良く思われていないことを次第に認識し、「気にはならないが、不便だ」と思うようにはなった。だが、その行動様式が大きく変わることは終生なかった。

おそらく司馬遼太郎は、アスペルガー症候群や発達障害などという概念は知らなかったはずである。それなのに、見事にこの2人の発達障害に特徴的な行動様式を描いている。このような発達障害を持つ人物が歴史を動かしたことは、大きな驚きである。

進化論の祖、ダーウィン

これまで述べてきた傑出者たちは、周囲の人々から単なる「変人」と思われたり、あるいは性格に問題があると見なされたりしたことも多い。ケースによっては、何かの「病気」と診断されるものもある。これは異才を持つ人でみられる「社会性」の欠如が原因であることが多いようである。

『種の起源』で進化論を唱え、今日の遺伝学の基礎を作った英国の科学者**チャールズ・**

R・ダーウィン（1809〜1882）も、子供の頃から変わり者とされ、成人してからも社会性に乏しかった。

ダーウィンは、英国のシュルーズベリーに生まれた。彼は幼い頃、孤独な少年だった。一人きりで長い時間歩き続けることが多かった。彼には収集癖があり、「貝殻から岩石まで、昆虫から鳥の卵まで興味を惹くもの」をすべて収集した。学校の授業を嫌い、教室を飛び出して家に帰り、自分の部屋で過ごすことがたびたびみられた。

ダーウィンは、特定の生物に取り憑かれたように興味をもつ傾向が強かった。ラン、甲虫、エボシガイ、フジツボ、ミミズなどに彼は熱中した。少年時代に彼は、毎日朝の大半を鳥の観察と昆虫の採集をして回った。標本用に持ち帰ると、午後から日暮れまでずっと採集したものを観察して、目録を製作する方法を考案し、それぞれの生物がどの種に属するかを確かめる努力をした。

ダーウィンは16歳でエジンバラ大学に入学し、医学を学んだが、その頃は地質学の魅力に取りつかれた。余談になるが、ダーウィンが学んだエジンバラ大学の医学部は、シャーロック・ホームズの生みの親であるコナン・ドイルの母校でもある。その後、ケンブリッジ大学でも数学や神学を学んだが、新たに昆虫学、とくに甲虫の魅力に取りつかれた。さらにその後は、植物学に関心をもった。

ケンブリッジ大学を卒業後、ダーウィンは南アメリカの調査に赴く海軍調査船「ビーグル号」に博物学者として同行することになった。この5年に及ぶ旅における体験が、「進化論」に関する彼の研究の基礎となった。

ところが帰国後、彼はまったく定職につこうとしなかった。大学などに職を求めるわけでもなく、経済的には資産家の父に頼っていた。ダーウィン自身、一般の社会生活を送ることが難しいと認識していたのかもしれない。彼は世間的な雑事を避け、孤独のうちに研究に専念する人生を選んだ。

今でいうニート生活の中、ダーウィンは30歳のとき、従姉であるエマと結婚している。彼は結婚を決意する前に、結婚の利点と欠点を箇条書きにし、理詰めで検討している。

「子ども(神の思し召しがあれば)。永続的な道連れ(老後の楽しみ)。子どもは親に関心を持ち、親は子どもを愛する。一緒に遊べるし、たしかに犬よりもいい。世話をしてくれる人のいる家庭。音楽の魅力、妻のおしゃべり」(ゲルハルト・プラウゼ『天才たちの私生活』文春文庫)

一方でマイナス面として、「パンを稼ぎ出すために恐ろしく時間を取られる」「家を買ったり家具を誂えたりするのは、何と大変なことか」「妻と毎日散歩しなければならないとしたら、どうやって仕事を続けたらいいのか」「フランス語の勉強も、ヨーロッパ旅行やアメリカ旅行も、気球に乗ることもできなくなる」ことなどをあげている。

結婚の条件は人それぞれ千差万別であり、さまざまな要因が関連することを思えば、このようなダーウィンの思考方法も肯定すべきものかもしれないが、「子ども」と「犬」を比較しているあたりは奇妙な印象が強い。ダーウィンにはどこか感情的な面で欠落があったように思えてならない。

その後のダーウィンは幸福な結婚生活を送り、10人の子どもをもうけた。夫妻はロンドンから郊外のタウンハウスに移り住んだ。彼はその家からほとんど外に出ないで残りの生涯を過ごした。

ダーウィンの邸宅は広大で、2キロメートル四方の広さがあった。彼はそこを規則正しく一定時間で散歩することを日課にしていて、ほとんどこの習慣を変えることがなかった。

彼は朝食と短い散歩の後、1時間半あまり研究の仕事をする。その後居間にいき、自分宛ての手紙を読み、しばらくエマと過ごす。10時半になると再び書斎にいき、正午過ぎまで仕事をする。

その後犬を連れてお決まりの散歩コースを歩き、帰ると昼食をとる。昼食後は新聞を読み、手紙の返事を書くが、3時くらいに休憩をとりソファに横になる。4時になると3度目の散歩、その後1時間あまり仕事をする。ごく少量の夕食をとった後、妻とバックギャモンで遊ぶのだった。

このような毎日が数十年変わりなく続いた。ダーウィンは、生活を計画的に律し、おきまりの日課を変えることは滅多になかった。ダーウィンはほとんど毎日、周囲に砂利の敷き詰められた家の近くの細長い道を散歩した。彼はその道を何回ぐるりと回ったかを数え、1回まわるごとに固い石を道の上に蹴り上げたという。

この毎日のリズムが狂うだけで、彼の体調は悪化した。少しでも興奮すると、頭痛や嘔吐などのさまざまな症状が起きた。1日4時間以上は仕事ができなかった。このようなダーウィンの「変人ぶり」は、ASDにあてはまる部分が多いように思える。

アインシュタインの孤独

アルベルト・アインシュタイン（1879～1955）は、現代物理学の基礎を築いた天才であり、時間や宇宙の概念を大きく変えた変革者でもある。天才の代名詞とされるアインシュタインは、ASDの特徴を持っているると指摘されることが多い。

アインシュタインはドイツのバーデン・ヴュルテンバーグ州、ウルム市のユダヤ系の家系に生まれた。アルベルトが生まれて間もなく一家はバイエルン州の州都ミュンヘンに引っ越している。その1年後に妹のマリアが生まれたが、妹は兄アルベルトによく似ていた。

アインシュタインには言葉の遅れがあった。7歳頃までスムーズに話すことができず、感情の爆発しやすい子供だった。彼には、言われた言葉を繰り返すという癖があったが、これは「反響言語」といい、ASDの児童に特徴的なものである。また他人とのアイコンタクトを避けた。教師たちはアインシュタインを知的障害者と考え、社交性がなく、いつも馬鹿げた空想をしていると報告した。

学校では、歴史と地理の授業は嫌いだったが数学は優秀だった。12歳のときに学んだユークリッド幾何学に深い感動を覚え、アインシュタインはユークリッド幾何学を神聖な書物と述べている。

彼が15歳のとき、父親が事業に失敗してしまう。家族はアインシュタインを遠縁の親戚に預け、ミュンヘンからイタリアのロンバルディア州パヴィアに引っ越した。これはアインシュタインに学業を続けさせるためであったが、彼は家族に見捨てられたと感じたらしい。

チューリッヒ連邦工科大学を卒業後、スイス特許局の専門調査官となったアインシュタインは、研究に没頭できるようになった。1903年にセルビア人のミレヴァと結婚したが、次男のエドヴァルトは天与の才能を持ち、父アインシュタインに驚くほど似ていたとされている。だが後にエドヴァルトは統合失調症を発症し、精神病院で死亡した。

研究成果が認められたアインシュタインは、チューリッヒ、プラハ、ベルリンなどの大学で教鞭をとった。彼の講義は特徴的で、ある講義をしたかと思うとその直後にまったく関係のない一般的な原理を話すこともあった。時には黒板に数式を書きながらも思考がつながらなくなり、数分後には、別のことを書くといったこともあった。

ベルリン時代のアインシュタインの楽しみは、近隣にあるハーヴェル河流域の無数の湖で、競走用の小型ボートを操縦することだった。かれはボートの操縦が巧みで、毎日のように滑走させて楽しんだ。しかし安定した日々は長くは続かず、ナチスの台頭によってアインシュタインはドイツを追われるようにして去り、その後の研究生活は米国のプリンストン大学で送ることになる。

45年に引退したアインシュタインは隠遁生活に近い毎日を過ごしたが、新聞記者は彼を追いまわした。あるとき彼は、自分がどんなに迷惑しているかを示すためにカメラに舌を突き出してみせたが、その写真はあちこちに掲載されることになった。プリンストンではしばしば映画館に行く姿がみられ、とくにカウボーイの映画を好んだ。カーネギー湖で小型競走用ボートを操縦することも多かった。

アインシュタインは家族に愛情を傾けず、ミレヴァとの離婚は彼の暴力が原因であったことが史料から明らかになっている。また、統合失調症を発症した次男についても、冷淡な態度をとっていたという。さらに彼は、日ごろの身なりにも頓着しなかった。

生涯を通じて孤独や孤立を好んだアインシュタインは、自らの心情について次のように語っている。

「わたしは、どんな国にも、友人たちの集団にも、家族にさえも、心から帰属したことはありません。これらと結びつくことに、常に漠然とした違和感を感じていて、自分自身の中に引きこもりたいという思いが、年とともに募っていきました」（ジェリー・メイヤー、ジョン・P・ホームズ『アインシュタイン　150の言葉』ディスカヴァー・トゥエンティワン）

ヴィトゲンシュタインの失読症

ルートヴィッヒ・ヴィトゲンシュタイン（1889〜1951）は、20世紀に最も影響力が強くかつ独創的な仕事を成し遂げた哲学者、論理学者である。彼の業績は哲学、言語学、数学など幅広い分野に今なお影響を与えている。その一方で、ヴィトゲンシュタインにはASDの特徴が顕著だった。

ヴィトゲンシュタインはユダヤ系の資産家の家族の8人きょうだいの末っ子として、オーストリアのウィーンに生まれた。一家には、精神疾患の影が色濃く付きまとっている。彼の3人の兄と、いとこの一人は自殺しており、さらに叔母の一人も重度の精神障害を患っていた。

父親のカールはオーストリアでも有数の資産家で、「オーストリアのカーネギー」とも呼ばれるほどだった。彼は周囲に対して専制君主のような存在で、愛情が薄く冷酷だった。

子供には厳しく、いつも完璧であることを求めた。

カールは若くして米国にわたり、帰国後は技師として生活していたが、妻の実家の鉄工所の経営に携わるようになってから頭角を現し、巨大な鉄鋼会社に成長させた。これによって、彼はオーストリアにおける近代工業の設立者の一人として広く知られるようになった。

カールには失読症（ディスレクシア）があった。失読症とは一般的な知能には問題がないにもかかわらず、文字の読み書きを困難とする発達障害の一種である。その一方で、カールは計算力にすぐれ、乗算表などの数字を空で唱えることが可能だった。こうしたカールの特徴は、ASDであった可能性を示唆している。カールは芸術の保護者としても知られており、ヴィトゲンシュタイン家ではディナーの後、ブラームスやマーラーが招かれ、演奏を繰り広げることもあったという。

ヴィトゲンシュタインには、言葉の発達の遅れがみられた。彼は4歳までうまく言葉を話すことができなかった。このような言葉の遅れはアインシュタインとも共通するが、ASDに特徴的な症状である。彼はそれに加えて、父と同様の失読症にも罹患していた。それにもかかわらず、わずか10歳のとき、彼は材木とワイヤーを用いて独力でミシンの実用模型を作り上げてしまった。

ヴィトゲンシュタインは14歳まで家庭教師について教育を受け、その後リンツにある王立実業学校に入学している。だが、この学校時代は楽しいものではなかったらしい。なお、このときアドルフ・ヒトラーも同じ学校に在籍していた。

ヴィトゲンシュタインは当初、物理学や機械工学を志した。一時はマンチェスター大学で航空工学の研究をしたり、凧の実験を行ったりしていた。この当時からヴィトゲンシュタインは、通常の人との付き合いがほとんどできなかった。彼は一日中一度も休憩をとらず研究を続けたが、夜になって家に帰ると熱い湯に浸かりながらずっと自殺することを考えていたという。

その後彼は、数学基礎論に強くひかれ、ケンブリッジ大学の著名な数学者バートランド・ラッセルのもとで研究を始めた。ラッセルは彼の才能を認め、同僚であるジョンソンの授業を受けさせたが、これは大失敗に終わった。ヴィトゲンシュタインは「最初の授業で、すぐにわかった。彼から教えてもらうことは何もない」と述べている。

ケンブリッジで彼は生涯唯一の友人となったピンセントに出会った。このピンセントを除けば、ヴィトゲンシュタインが親しく交わった人物は、生涯を通じてほとんどいなかった。唯一の友人であるピンセントに対しても、ヴィトゲンシュタインは何度も激しい怒りの感情をぶつけている。だがピンセントは、数年後に飛行機事故で絶命してしまう。

第一次大戦が始まったとき、ヴィトゲンシュタインは自ら志願して祖国のために兵士となった。彼は東部戦線に派遣され、ロシア軍と戦った。軍隊において彼は激戦の中でも恐れを知らずに活躍し、いくつもの勲章を受けた。

このような戦争中のエピソードは、やはりASDだと言われるフランスのド・ゴール元大統領に類似しているし、大村益次郎も思い起こされる。戦時中、彼は自分のノートに、哲学や論理学に関するアイデアを書き溜めた。これが後にまとめられて、『論理哲学論考』として出版された。

他人の感情に無頓着

その後いったん哲学から離れたヴィトゲンシュタインは、教師の道を選び、オーストリアの郡部にある小学校で教職についた。彼は地元の人々に侮蔑的な態度で接し、そのためトラブルが絶えなかった。

期待に応えようとしない児童に対して、彼は拳で殴りつけたり、髪の毛を引っ張ったりするため、児童から恐れられた。最終的には体罰で訴えられてしまい、教員を辞めている。

１９２９年、ヴィトゲンシュタインはケンブリッジ大学に戻り、特別研究員として勤務した。ケンブリッジにおける彼の講義は独特のものがあった。ノーマン・マーコムの回想録『放浪　回想のヴィトゲンシュタイン』によれば、ヴィトゲンシュタインの講義は、毎週2回夕方の5時から7時の2時間だった。彼は学生に迅速さを要求し、数分遅れて出席するだけでも怒り狂った。講義は、ヴィトゲンシュタインの私室で行われた。

そこは何もない質素な部屋だった。安楽椅子も電気スタンドもなく、また装飾品も絵画もなく、壁はむき出しだった。授業を受けるものは自分で椅子を持ち込むか、床の上に座った。講師であるヴィトゲンシュタインの様子も独特だった。

ヴィトゲンシュタインは、部屋の中で粗末な木の椅子に座り、そこで自己の思想との眼に見えるような苦闘を続けていく。かれはしばしば自分が混乱していると感じ、学生にもそう言った。また、たびたび、「俺はバカだ」とか、「君たちはひどい教師をもったものだ」とか、「今日のわたしはまったくくだらない」といったことを言った。

一方で、ヴィトゲンシュタインの授業は恐ろしいものでもあった。彼は短気で、すぐに立腹した。自分の言っていることに誰かが反対すると、その相手と徹底的に議論をかわし、時にはあからさまな拒絶を示すのだった。

ケンブリッジ時代、ヴィトゲンシュタインはある若い数学科の男子学生を恋人にした。その後この付き合いは、10年あまり続いている。

次に示すのは、この当時の彼の言葉である。


「私は一度もふざけたことがないし、多分これからも決してそうすることはないだろう。それは私の性分に合わないのだ」

「本当に自分のことを理解していない人たちと話すとき、常に人は自分が馬鹿にされたと感じる、少なくとも私はそうだ。そしてこれはここでは繰り返し起こる。完全な疎外とこの不愉快な体験のどちらを選ぶかだ」（イルゼ・ゾマヴィラ編『ウィトゲンシュタイン哲学宗教日記』講談社）

ヴィトゲンシュタインは他人の感情には無頓着なことが多かった。彼にロシア語を教えていた女性は次のように話している。

「他人の弱点を見つけては、それをまるで欠陥のように激しく攻撃するところは、どうしても容認できませんでした」(イアン・ジェイムズ『アスペルガーの偉人たち』スペクトラム出版社)

39年、ヴィトゲンシュタインはケンブリッジ大学の哲学教授に就任した。彼は周囲から、内気で何を考えているかわからず、近づきがたく、いくぶん「頭のおかしい」人とみられていた。他の人が話を始めると、ヴィトゲンシュタインがそれをさえぎり、「いや、そういう問題じゃない」「きみは間違っている」などと言うことがしばしばだった。このように他人を斟酌しない態度は、ASDに特徴的である。

ヴィトゲンシュタインは、51年に知人の医師の家で息を引き取った。彼の最期の言葉は、「すばらしい人生だったと彼らに伝えてくれ」というものだったという。

サティの強烈な服装へのこだわり

音楽界の異端児と評され、印象主義の芸術家たちに強い影響を与えた作曲家**エリック・サティ**(1866〜1925)は、フランスのノルマンディー地方に生まれた。サティの父親は海運業を営んでいたが、自ら詩を書き、作曲も手がける芸術的な素養を持った人物だった。

サティの一家はやがてパリに移るが、まもなく母が亡くなり、サティとそのきょうだいは祖父母の元で暮らすこととなる。この時期に彼は、教会の音楽奏者から音楽の手ほどきを受けた。

1879年、サティはパリの国立工芸学校に入学し、本格的に音楽の勉強を開始した。だが授業は退屈で、さぼることを繰り返し、3年後には落第して退学となってしまう。

その後サティは独力でピアノ曲の作曲を開始した。やがて彼の「サラバンド」「ジムノペディ」などが認められるようになると、サティはパリの夜の街で個性的な芸術家や思想家と交流をもつようになった。彼自身もモンマルトルに住居を移した。

サティは一見したところ、人あたりもマナーもよく、変人のようには思えない人物だった。けれども相手と親しくなると、彼の不安定な内面が明らかになった。些細なことで親しい友人と激しい喧嘩をすることも珍しくなかった。

フランスの作曲家ミヨーの妻マドレーヌは、サティについて次のように述べている。

「魅力的で愛すべき人ですが、予測がつかないのです。話し方ときたら、心に思ったことをまったく抑制しないので、彼の書く音楽とは正反対でしたね。あれほど礼儀正しい人は珍しいぐらいですが、一方で、とても激しく、荒々しいところがありました」（同前）

またサティは物事へのこだわりが強かった。前述のマドレーヌはサティのために荷造りをしたことがあったが、彼の私物はスーツケースのそれぞれ決まった場所に収めなければ、理不尽なほど怒り狂ったという。サティは服装にもこだわりがあった。ある時、彼は灰色のスーツとそれに合う帽子を1ダースも買いそろえた。その後、あらゆる場面でその服装で押し通したので、「ビロードの紳士」と呼ばれるようになった。

98年、サティはパリ郊外のアルクーユに転居した。この部屋には誰も立ち入らせなかった。彼はモンマルトルに行くため、必ず毎日10キロあまりの道を歩いた。

パリで彼は友人の家を訪ねたり、カフェで作曲をしたりした。夜キャバレーで歌手の伴奏をすることもあった。酒もたっぷり飲んだ。このため彼は後に肝硬変に罹患している。

アルクーユ行きの最終列車は午前1時発だったが、サティはよく乗り遅れた。そういうときは、自宅まで歩いて帰路についた。途中で酒を飲むために帰宅が遅くなり、明け方になることもあったという。

第一次大戦前後より、サティの名声は高まりを見せたが、彼自身はますます人付き合いが悪くなった。パリにいても必ずコートと帽子を身に付け、傘を脇の下に抱えたまま何時間も静かに座っていたという。

シャーロック・ホームズ

英国の作家**コナン・ドイル**（1859〜1930）が生み出した名探偵シャーロック・ホームズは、特徴あるキャラクターを持つ主人公であるが、その振る舞いはいささか常人とはかけ離れており、ASD的な行動パターンも散見される。

一方、2010年に英国BBCが制作を開始したテレビドラマ「シャーロック」は、作品の舞台が21世紀に置き換えられた現代版のミステリであるが、このドラマに登場するシャーロックにもASDの特徴が色濃い。

原典のホームズは天才的な推理力を持つ名探偵である。ホームズは風変りな性質も持っており、捜査のためとはいえ、アヘン窟に出入りしていた時期もあった。現代に蘇ったシャーロックはこれに輪をかけた変人として描かれている。

ベネディクト・カンバーバッチが演じる若いシャーロックはまるで他人の意見を聞こうとしない。ろくに説明もしないで、一方的に自分の意見ばかりを主張する人物である。シャーロックは自らを「世界で唯一のコンサルタント探偵」「高機能社会不適合者」と呼び、一般社会に適応できないことを誇示するのだった。

シャーロック・ホームズは現代のロンドンだけではなく、ニューヨークにも登場した。2012年に放送が開始された米国のテレビドラマ「エレメンタリー　ホームズ&ワトソン in NY」にもシャーロック・ホームズが登場するが、こちらのシャーロックはカンバーバッチのものとは異なり、ADHD的な特性が強いようである。

ADHDにはさまざまな疾患が高率に併存することが知られている。とくにうつ病や不安障害の頻度は高く、ADHDに気づかれずにうつ病などと診断されて、誤った治療を長期間続けているケースも珍しくない。

それに加えてADHDには依存症が高率に見られる。これはADHD特有の衝動性の症状との関連が深い。具体的には、アルコール依存や薬物依存のほか、ギャンブル依存やインターネット依存などの患者の背景に、しばしばADHDの存在がみられる。「エレメン

タリー　ホームズ&ワトソン」に登場するホームズは、ADHD的な特性に加え、薬物依存を併存症として持っている。

このシリーズにおいて特異な点は、ワトソン役が女性であることだ。さらにワトソンをアジア系のルーシー・リューが演じている点も新鮮なサプライズだった。

ロンドンではスコットランドヤード（ロンドン警視庁）の顧問をしていたホームズだったが、ヘロイン依存が悪化して仕事を続けられなくなり、米国のリハビリ施設に入所し、退院後はニューヨークに移住したという設定である。ホームズはニューヨーク市警の顧問となるが、父親が雇った薬物依存症だったホームズのリハビリの付添人として、元心臓外科医のワトソンが派遣されてきた。

2人は共同生活を送ることとなり、時に激しく衝突しながらも事件には協力して立ち向かう。そして、ホームズの天才的な推理力によって数多くの難事件を解決していく。

このニューヨークのホームズの特徴としてあげられるのは、何よりも過剰な集中力である。捜査においていったん何か気になる点を見つけると、他のことは目に入らなくなり、とことん集中してしまう。ときには行き過ぎた捜査方法もとってしまう。

さらに彼は乱暴で衝動的で、感情のおもむくまま、つい暴言を吐いてしまう。ワトソンともぶつかるが、ギリギリで抑制している。自信家で他人を見下した物言いをついしてしまうため、トラブルを招くことも頻繁にある。なお、このドラマでは相棒のワトソンの推理力はホームズに勝ることもあり、2人のコンビから目が離せない。

ドイルの生涯

シャーロック・ホームズの生みの親であるコナン・ドイルはどんな人物であったのだろうか。アイルランド・トリニティカレッジ心理学部教授で精神科医のマイケル・フィッツジェラルドは、著書『天才の秘密』において、ドイルにはASD的な特徴があったと主張している。ここでは、フィッツジェラルドの仮説を検討するため、「探偵小説の始祖」の素顔を探ってみたい。

ドイルの生涯については、伝記作家ヘスキス・ピアソンによる『コナン・ドイル』、ミステリ界の巨匠であるディクスン・カーの『コナン・ドイル』を始めとして多くの優れた評伝がある。基礎資料として価値が高いのはドイル自身が執筆した自伝で、これには日本語訳もある。それらを検討すると、彼が「一風変わった奇妙な」人物であったことは明らかであるが、ASDであるという明確な証拠までは語られていないようだ。

ドイルに関する最も大きな誤解は、彼が単なる「ホームズもの」の作者とみなされている点である。多くの日本の読者には知られていないが、ドイルにはシャーロック・ホームズ以外にもさまざまなジャンルの作品があり、良作も多い。ドイルは探偵小説家というレッテルを貼られるべきではない、優れた小説家であった。さらに小説だけでなく、『オスカー・スレイター事件』をはじめとするノンフィクションの作品も数多い。

『勇将ジェラールの冒険』は、ドイルが最も打ち込んだ歴史小説の代表作である。また『失われた世界』は、良質なSF作品である。一方で、ドイルが心霊術に傾倒したことによって執筆された『霧の国』については、多くの批判を浴びることとなった。

ドイルは1859年、スコットランドの古都エジンバラで生まれた。ドイルの一族には、芸術家気質を持つ者が多かった。父方の祖父であるジョン・ドイルは有名な風刺画家だった。ジョンの4人の息子はこのような気質を引き継ぎ、3人までは芸術関係の分野で成功を収めている。

ところがただ一人、ジョンの末子でありコナン・ドイルの父親であるチャールズだけは実生活で成功することができなかった。

チャールズにも芸術的な素質はあり、優れた絵画を残しているが、生活のために公務員として働かなければならなかった。チャールズの収入は少なく、妻のやりくりにもかかわらず一家は貧しかった。チャールズはやがて絵筆を絶ったが、次第に酒におぼれるようになり、一家の経済はさらに悪化した。

ドイルの自伝によれば、彼は喧嘩ばかりしている子供であったが、同時にかなりの本の虫で、図書館の本を読み漁ったという。読むスピードも速く、近くの図書館からは「本の借り換えは1日に2回まで」と申し渡されたほどだったという。

過剰な集中力と常同性

フィッツジェラルドによれば、ドイルは対人関係が得意とは言えず、しばしば癇癪を起こしたり、すぐに攻撃的となったりする傾向があった。また、周囲には愛想がなかったという。ドイルの最初の妻ルイーズは肺結核を発症し、長い闘病生活の末に亡くなったが、ドイルは手遅れになるまで妻の健康状態の悪化に気がつかなかった。確かにこうしたエピソードはASD的である。

ドイルが11歳から在籍していたストーニーハースト校は、カトリック系のしつけの厳しい学校だった。体罰もよくあり、ドイルは頻繁に体罰を受けていた生徒の一人だった。その原因の一つは、彼の教師に対する反抗的な態度だった。

彼はこの学校の教師からはよく思われていなかった。教師たちはドイルの将来を絶望的なものとみなし、ある教師は「世のためになることはあるまい」と断言した。

一方、ドイルの記憶力は抜群で、犯罪については百科事典なみの知識を持っていた。作家になってからの彼は仕事中毒で、自らに厳しいスケジュールを課し、多くの作品を生み出した。このような過剰な記憶力と常同性はASD的である。

ドイルの欠点としてあげられるのは、無防備でだまされやすい点である。彼は「妖精」の存在を信じており、また死者とコミュニケーションができることを確信していた。これは大きな批判を招いた。

ASDの診断において重要となるのは、小児期から青年期にかけての行動パターンである。というのは、この時期に、本人の特性が最も純粋な形で現れるからである。成人期以降は、さまざまな「学習」によって、ASDの特徴が見えづらくなるケースが多い上に、他の精神疾患が併存する場合も多い。

ドイルの自伝には、さまざまなエピソードが語られている。それぞれの学校での出来事、とくにストーニーハースト校での体罰に対する批判、あるいは親類、知人との交流などが述べられている。これらの記述から感じられるのは、ドイルはけっして孤立した存在ではなかったが、他の登場人物との距離、とくに感情的な距離が遠いことである。さらに交友関係が持続しないことも特徴の一つである。

どの時代にもドイルには友人がいて、そうした友人とのやり取りは細かく記載されてはいる。けれどもそれらの大部分は、どこか温かみのない突き放した記述である。ドイルが彼らを大切に扱っているようには思えない。

自伝には、ホームズのモデルとなったエジンバラ大学の教授のエピソードも述べられている。しかしこれも事実関係を淡々と語っているだけで、敬愛や懐かしさといった感情はあまり伝わらない。こうした点が、フィッツジェラルドの言うASD的な特徴を反映しているのかもしれない。

ドイルには、向こうみずで乱暴で、衝動的に行動する側面があった。学生時代には好んでボクシングのジムに通い、喧嘩もよくした。また熱中するものをみつけると、読書でもゲームでもとことんやったという。

人生の経路についても、しばしばドイルは唐突で危険の多い決断を行っている。エジンバラ大学に在学中、彼は捕鯨船に乗って北極海を旅し、何度か命の危険に晒されている。

また医師になってからは、船医としてアフリカ西海岸行きの船に乗った。このときはマラリアに罹患し、生死の境をさまよった。

ドイルが医師になって開業してからのことである。ドイツで結核に対する治療法について画期的な発表があるということを聞いたドイルは、専門医でもないにもかかわらず聞き逃してはならないと思い、ベルリンに駆けつけたというエピソードがある。

さらに知人から眼科医への転身を勧められたドイルは、医院を廃業してウィーンに向かい、眼科の専門医の講義に出席したことも知られている。この計画はドイツ語の能力が不十分であったために、短期間で失敗に終わっている。緻密で計画的なホームズとは異なり、ドイルの人生はどこか向こう見ずで衝動的な行動パターンが多く、断定はできないがASD的な特徴がベースにあるのかもしれない。

江戸川乱歩の「人間嫌い」

江戸川乱歩（1894〜1965）と聞けば、年長の方は表紙のおどろおどろしい絵が特徴的だったジュニア版の『怪人二十面相』や『少年探偵団』のシリーズを思い浮かべることだろう。若い読者は、コミック『名探偵コナン』の主人公の少年探偵、江戸川コナンの名前を連想するかもしれない。

日本の推理小説、探偵小説の大御所である乱歩には、さまざまな顔がある。少年ものや猟奇的な犯罪小説も得意分野であったが、乱歩が本来目指していたのは、エドガー・A・ポーやドイルらの作品に触発された本格探偵小説であった。その分野の乱歩の代表作として『二銭銅貨』などの短編があげられるが、『陰獣』という小説も、本格探偵小説の流れに沿ったものである。

『陰獣』は1928（昭和3）年に雑誌『新青年』に掲載された。探偵小説家の寒川は、上野の帝室博物館で、実業家・小山田六郎の妻である静子と偶然に知り合った。彼の探偵小説の愛読者だという彼女と寒川は逢瀬を重ねる。

静子は寒川に、かつて別れた男性である謎の探偵作家・大江春泥こと平田一郎に脅迫されていることを告げた。大江春泥は覆面作家で、その素顔を知る者はわずかであった。春泥は極度の人間嫌いで、何度も転居を繰り返していたという設定は、乱歩自身と共通している。

静子への恋心から、寒川は春泥の跡を追うことになるが、行方を摑めないままに、春泥の脅迫通り、静子の夫が死体で発見される。しかしこの事件には思いもよらない真相が隠されていた。

物語の中の春泥と同様、乱歩自身にも幼少時から「変人」の側面が少なからずあった。『私の履歴書』によれば、幼少期の乱歩はほとんどしゃべらない子供で、一人で何か空想して町を徘徊する習癖があった。

小学校でも孤立し、校庭の隅の桜の木の下にぽつんと立って、みんなの駆け回るのをぼんやり眺めていた。勉強は優秀だがいじめに遭い、一人で思索する傾向が強く、中学では半分位しか出席しなかった。社会人になっても孤立癖、放浪癖は変わらず、10以上の職業を転々とし40回以上の転居を繰り返した。

このような対人関係の障害と社会生活における不適応さから、小説の春泥も乱歩自身も、ASD的な特徴を持っていたと考えられる。

第三章
創造の謎と「トリックスター」

戦後日本政治のトリックスター、田中角栄

天才とは精神病的なのか？

天才や異才たちは、新たなものを創造する。それは芸術作品であることもあれば、新たな科学技術であったり、これまで誰も認識していなかった思弁的な概念であったりもする。

創造とは、どのような行為なのであろうか。英語における「創造する（create）」という言葉は、ラテン語のcreareに由来する。この言葉は、「生産する、作成する、作り出す」といった意味である。

歴史的にみると、創造性は「天才、才能（genius）」という言葉とほぼ同様に扱われてきた。geniusという言葉は、本来は生まれながらに与えられた天賦の品性や守護神を意味していた。つまり「創造する」ということは、「神のごとき行い」と考えられてきた。

19世紀から20世紀にかけては、創造の秘密をさぐろうと、「天才」に関する研究がさかんに行われた。その代表的な例が、骨相学で知られているイタリアの精神科医チェーザレ・ロンブローゾ（1835～1909）による研究である。

当初、ロンブローゾの関心は犯罪に向かっていた。ロンブローゾは「犯罪を起こす人物には、何らかの身体的な特徴が存在する」という考えを主張した。彼は犯罪者の身体特徴の観察を行った結果、いくつかの「変質徴候」が認められると主張。そうした特徴をもつ人物は生まれながらにして犯罪者となる「生来的犯罪者」であると定義した。

ロンブローゾのいう変質徴候には、小頭症、斜視、左利きなどが含まれるが、のちには脳の形態異常が犯罪の原因であったと結論している。このロンブローゾの学説はその後の研究により否定されたが、犯罪者には何らかの先天的特質が関連しているという見解は、現在でも装いを変えて折に触れて主張されている。

さらにロンブローゾは、「天才」についても独自の研究を行っている。そして検討を重ねた結果、天才とは一種特別な病的状態であると断定している。

「偉大なる天才が精神病者であったということは今では疑いのない事実になっている。(中略)天才というものは度合こそ違えみな多少精神病的素質を有しているものであると考えることが出来る」（ロンブローゾ『天才論』改造社）

なお、先にも述べたように、本書を日本語に翻訳したのは、伊藤野枝の前夫であった辻潤である。

「知能」と「創造性」は別モノ

科学的な手法を用いて天才と創造性の検討を開始したのは、米国の心理学者ルイス・ターマン（1877〜1956）である。ターマンはのちにスタンフォード大学の教授を務めた人物であるが、今日の「知能テスト」の原型を作成したことでも知られている。

ターマンは生涯をかけて知能と創造性の関連について研究を行った。彼は高い知能を持つ子供たち1500例以上を対象として、70年以上にもわたって生活状況の変化、職業における達成度などを検討した。

その結果、ターマンの研究の対象者たちは、健康面では頑健で、おおむね経済的にも社会的にも成功していた。けれども創造性という面では、必ずしも傑出した成果は得られなかった。

ターマンの研究の対象者たちの大部分は職業面での成功はほどほどだった。目覚しい創造性を示した例はごくわずかに過ぎなかった。長期追跡が可能であった757例の中で、創造的な分野で成功した人物は、作家として成功した2人と映画監督としてアカデミー賞を受賞した1名のみだった。

つまり、この研究からわかることは、「知能」と「創造性」がパラレルとは言えないことである。その後の研究や調査も、このターナーの結論を支持している。結論から言えば創造的な人々は平均以上の知能を持っている場合が多いが、際立って高い知能を示すわけではないということである。

この結論は、常識的にも納得のいくものである。受験勉強における秀才たち、あるいは有名大学を卒業した人たちの大部分は、創造的な仕事をしているわけではない。むしろ彼らの多くはルーチンの仕事にたけている人たちで、定型的な日常業務のパフォーマンスは高く、作業のスピードも素早いものがあるが、新たな価値を生み出しているわけではない。

創造に必要な条件

それでは創造に必要なものとは何であろうか。

第一に挙げられるのが「独創性」である。未知の関係性の解明、物事に対する新しい視点などは芸術の分野においても、自然科学の分野においても重要なものである。私たちがゴッホやムンクの作品に圧倒されるのは、その技法や絵の上手さによるものではなく、強烈な独創的メッセージが感じ取れるからである。

第二に、創造には一定の現実的な「有用性」も必要である。いくら独創的な仕事や作品であったとしても、それが社会に恩恵をもたらしたり、あるいは人の心にインパクトを与えたりするものでなければ、十分な価値があるとは認められない。

そして最後に、創造性は何らかのプロダクトとして、「目に見えるもの」「他者に理解できるもの」となることが必要である。抽象的な概念を提唱するにあたっても、それを文章に記すなどして可視化し、他者に理解可能なかたちにする必要がある。

集中と熱中、そしてマインド・ワンダリング

創造の過程については、ある意味神秘的なものであり、言語化することは難しいと推測されている。

だが、過去の天才たちが語っている内容について検討すると、一致する点がかなり多い。

創造にはまず何よりも、集中と熱中が必要となる。その際、卑近な「現実」から離れた状態にいることも必要である。この解放状態において、創造者は「別の現実」に入り込んでいる。ある種の意識変容の状態にいるようだ。

このような状態で彼らが何かを生み出すとき、それは意識して行っているわけではなく、「言葉がどこからきたのかわからない」「まるで詩の神が肩に来てとまっているようだ」と

いう。

彼らは自分の中に生じた思考や感情の断片を、その流れのままに発展させてゆく。自分の中で、形の整っていない断片化した思考を生み出し続けるうちに、新しい何かが生じてくるのである。まさに彼らの心は無限の空間をさまよっているのである。これこそ、一章で述べたマインド・ワンダリングの状態と言えるのかもしれない。

たとえばモーツァルトは、天啓が得られる瞬間を次のように述べている。

「私がいわば完全に自分だけになり、まったく一人で、気分がよいとき——たとえば馬車での旅行中とか、良い食事の後の散歩、あるいは夜中に一人で眠れないとき、そういうときに思いつきがもっともたくさん、滑らかに流れ出る。『どこから、どのように』表れてくるのかはわからない。意識してできるわけでもない」（ナンシー・C・アンドレアセン『天才の脳科学』青土社）

また彼は、曲が生まれる瞬間について、こう説明している。

「すべてこれが、邪魔の入らぬかぎり、私の魂を燃えさせる。主題はひとりでに膨らみ、順序だてられて構想ができ、そして長い曲であっても、私の頭の中でほとんど全部完成する。私は瞬時に全体を見渡せることができる」（H・ガードナー『芸術、精神そして頭脳』黎明書房）

天才は狂気を持つ

第一章、二章でみたように、天才と呼ばれる人たち、あるいは創造的な能力を持つ人々は、ADHDあるいはASDなどの発達障害の特性を持つケースが多い。

しかしながら、発達障害と創造性を結びつける見解は、比較的最近になって提唱されたものである。従来は、ロンブローゾが述べていたように、創造性と密接に関連しているのは統合失調症や躁うつ病などの「精神疾患」であると考えられてきた。「天才は狂気を持つ」とみなされていたのである。

ロンブローゾについで、ドイツの精神科医パウル・メビウス（1853〜1907）は、ゲーテ、ニーチェ、ルソーなどの傑出人の個別研究を行い、今日の病跡学の基礎を築いた。

このような研究は、W・ランゲ＝アイヒバウム（1875〜1949）によってさらに発

ランゲ＝アイヒバウムによる「天才」の本質

1. たいていの天才は精神病者ではなくて精神病質者である。
2. こうした精神病質者の天才は、内面的に分裂した心を持ち、緊張した神経質かそれとも神経症的である。
3. 精神病質であると同時になにかの麻薬中毒であることが多く、たやすく一過性の精神病になった経験をもっている。
4. 精神病質の基盤の上に極端な精神的例外状態を示すものが多い。心内沈潜、放心、幸福感、創作陶酔、法悦感、霊感の横溢、回心の危機など、このような状態はしばしばあやまって「狂気」とまわりから思われる。
5. 本当に精神病が出現した場合でも、精神病的障害と生産的創作との間にいつも原因的な関連が成立っているとはかぎらない。時間的に一致したということさえないことがよくある。

展をみた。

メビウスと同様にドイツの精神科医であるランゲ＝アイヒバウムは数百人の「天才」について検討を行い、一生に一度でも精神病に罹患したものは12〜13％であると発表した。さらに、その中から「天才中の天才」というべき78人を選ぶと、精神病が37％、精神病的な人（精神病質）は83％以上に及ぶとした。一方で、健康な人は6・5％にすぎなかったとしている。

天才に関する彼の結論を前

頁に示したが、用いられている用語はやや古めかしくわかりにくいかもしれない。ランゲ＝アイヒバウムのいう「精神病」とは広く精神疾患全般を意味し、「精神病質」は生来精神的に不安定になりやすい性質であることを示している。

わが国における身近な実例を考えてみても、明らかに精神疾患を発症し、治療を受けたり入院を必要としたりした「天才」は少なからずみられる。この章においては、天才と精神疾患の関連についてこれまでの見解を検討し、後半は世の中のしくみを大きく変える力を持つ「トリックスター」の存在について、天才や創造性との関連から述べてみたい。

クレッチマーの天才論

エルンスト・クレッチマー（1888〜1964）はドイツの著名な精神医学者である。クレッチマーはヒトの体形、気質（性格）と精神疾患の関連について検討した『体格と性格』などの著作がよく知られている。彼は体格と精神疾患の病前性格の間に密接な関連があると提唱し、やせ型体形と分裂気質、肥り型体形と循環気質、闘士型体形と粘着気質が対応すると説明した。

さらにクレッチマーは『天才の心理学』においてさまざまな天才を事例に挙げ、精神疾患と天才の関係を検討した。

クレッチマーによれば、天才とは、「積極的な価値感情を、広い範囲の人々の間に永続的に、しかも稀に見るほど強くよびおこすことのできる人格」で、この「個人的色彩のある特別な価値創造」は「特殊な精神構造の中から心理的必然性に基づいて生まれ出た」ものであるとしている。

天才と精神疾患の関連については、「天才は純生物学的に見て、人類中の稀有にしてかつ極端なる変種」であるため、精神的に不安定になりやすく、精神疾患に罹患しやすいと述べている。さらに天才の素質を持つ人物は精神病的な症状が才能の開花を促進すると主張した。このような見解は、現在でも比較的受け入れやすい内容であると思われる。

東大医学部に保存されていた「傑出人の脳標本」

わが国においては、東京大学医学部教授で松沢病院の病院長も務めた内村祐之（1897〜1980）が、天才に関する研究を積極的に行った。前述のクレッチマーの『天才の心理学』を翻訳したのは内村であり、彼は傑出人の脳標本に関する研究も行った。この研究は、東大総長を務めた病理学者の長与又郎を共同研究者として行われた。

研究の資料として用いたのは、東大医学部に保存されていた多くの傑出人の脳標本である。内村があげている名前を示すと、青山胤通（医師、東大内科教授）、新井石禅（曹洞宗の僧侶）、浜口雄幸（政治家、首相）、桂太郎（政治家、軍人、首相）、古在由直（農学者、東大総長）、中江兆民（思想家）、夏目漱石（小説家）、内藤鳴雪（俳人）、沢柳政太郎（教育学者、京大総長）、内村鑑三（思想家）、山極勝三郎（病理学者、東大教授）、秦佐八郎（細菌学者、慶応大学教授）らである。

当時は戦中、戦後の混乱期で、研究手法も十分に発達していなかったこともあり、内村らの研究は予備的な内容にとどまったが、「天才」という精神現象を脳機能という面から解析しようという先駆的な試みは斬新なものであった。

内村は精神疾患が初期かあるいは軽症である場合、活動性と創造性が高まることがあるが、疾患が重症であったり脳に大きな欠陥を残したりする場合には、能力は低下すると結論づけている。

傑出者に「人格障害」が多いとする研究

ここで再び、海外の研究に目を向けてみる。オーストリアの精神科医、アデーレ・ユーダは、天才と精神疾患の関連を検討するために、18世紀と19世紀のドイツ語圏の著名人について検討を行い、とくにすぐれた能力を示す294名を抽出した。その内訳は芸術家113例と科学者181例であった。

この結果、両者において最も頻度の高い精神疾患は、「人格障害」であった。芸術家においては、正常が63・7％、統合失調症が2・7％、人格障害が27・4％で、躁うつ病の症例は皆無だった。また科学者においては、正常が76・0％、躁うつ病が4・3％、人格障害が15・3％で、統合失調症は認められなかった。この当時、発達障害については認識されていなかったため、ユーダの研究における「人格障害」には、発達障害が少なからず含まれていたかもしれない。

ユーダの研究は方法論的には斬新なものであったが、どちらの群においても、統合失調症と躁うつ病の割合がかなり低いなど、今日の医学の目から見ると疑問が多いことが指摘されている。

「うつ病、躁うつ病」の顕著な多さ

第一章で紹介した米国の精神科医ナンシー・C・アンドレアセンは、精神疾患と創造性の関連について、詳細な検討を行った。

彼女は自らが所属するアイオワ大学の作家ワークショップをフィールドとして研究を行った。このワークショップには著名な作家が数人参加しており、アンドレアセンは数年をかけてデータを収集した。

研究を開始した時点では、作家においては統合失調症の比率が高いと予想されていた。いくつかの先行研究においては、この仮説を支持する結果が得られていたからだ。さらに、**ジェイムズ・ジョイス**（1882〜1941）など高名な作家の家族に統合失調症の患者がいることは、よく知られた事実であった。

ところが研究を進める中で、この予想はくつがえされた。対象となった作家の集団では、うつ病、躁うつ病などの「気分障害」の比率が極めて高かった。表に示すように、30人の作家において躁うつ病は43%、うつ病は37%であるのに対し、健常群においては躁うつ病が10%、うつ病は17%であった。また作家においてはアルコール依存症の比率も高かったけれども統合失調症はみられなかった。

アンドレアセンは、気分障害と創造性の関連を次のように説明している。

まず、思考の過程については、創造的な思考のためには脳内で連想が自由に飛び交うこ

精神疾患と創造性の関連（アンドレアセンの研究）

	作家		健常群	
	人数	%	人数	%
躁うつ病*	13	**43**	3	**10**
うつ病	11	**37**	5	**17**
アルコール依存症*	9	**30**	2	**7**
薬物乱用	2	**7**	2	**7**

（＊有意差あり）

とが必要であり、これは気分障害、とくに躁状態などでみられる思考のプロセスと一致しているという。さらに、気分障害などの精神疾患においては感覚的な刺激に対する感受性が亢進しているが、それが創造性の源泉になるのではないかと主張した。

作家に多い「うつ病」と「アルコール依存」

別のグループの研究においても、アンドレアセンらのデータを支持する結果が得られている。英国の精神科医であるポストは、科学、芸術、哲学などの分野において著名な291例の人物を抽出し、家族背景、性格特徴、精神症状などについて評価を行った。

この結果、彼らの多くは感情的に安定し、適度な社交性を備えていた。重度な性格の偏りは、一部の画家と作家で認められた。精神病性疾患はまれであったが、うつ病とアルコール依存症は一般人より高い頻度でみられたとし、とくにこの点は作家において顕著であったとしている。

スウェーデン・カロリンスカ研究所の精神科医サイモン・キアガらは、約30万人の国民のなかで、統合失調症、躁うつ病、うつ病の治療歴のある個人を対象に、創造的な職業の有無について大規模な調査を行った。この結果、健常対照群と比較して、躁うつ病の治療歴のあるもの、同胞に躁うつ病か統合失調症を持つ個人は、創造的な仕事についている比率が高かったとしている。

このようにこれまでの「医学的」な研究においては、うつ病、躁うつ病、統合失調症と創造性に一定の関連があることが示されている。この点については、本書第四章以降、個別のケースにおいて検討していきたい。

トリックスター

ここで少し視点を変えて、天才や傑出者たちが持つ別の側面について検討してみたい。

彼らは科学の分野であれ芸術関係であれ、何か新たなものを創造するというだけでなく、ものの見方や考え方を大きく転換したり、あるいはそれまでの社会常識や社会構造を一変させてしまうほどの影響力を持っていることがある。このような現象は、ＡＤＨＤなど発達障害と関連してみられることもある。

社会を一変させてしまうという意味合いで、天才たちはリアルな世界における「トリックスター」として登場することがある。トリックスターは「行動面における傑出者」ともいうべき存在であるが、ここでトリックスターについて説明しておこう。

トリックスターとはもともと文化人類学の用語であり、米国の文化人類学者ポール・ラディンがアメリカ先住民の民話の研究から命名したものである。本来の意味は「道化」であるが、転じて、俗なる世界と聖なる彼方をつなぐもの、あるいはこの世界の秩序を一瞬にして変化させる心理的な「装置」を意味するものとして使われている。日本では文化人類学の第一人者である山口昌男がキーワードとして用いていた。

トリックスターは安定したキャラクターではなく、善と悪、賢者と愚者など、異なる二面性を持っていることが多い。Ｃ・Ｇ・ユングは深層心理学の立場から、トリックスターを彼の心理学の重要な概念である「元型」の一つと定義した。

多くの神話や民話において、トリックスターは現実世界の支配者である「王」の前で道化を演じる。だが、現世の秩序を否定しても、罰せられることはない。それどころか、道化の言動は多くの人々の先駆けとなり、秩序の逆転を起こす。ときにはトリックスターが王と入れ替わり、彼が王として君臨することもあるが、多くの場合、その支配は長続きすることはなく、急激な没落に至ることが多い。また、トリックスターと文化的な英雄が結びつけられている場合が多い。たとえば、神の下から火を盗んだというギリシア神話のプロメテウスがその一つの例である。

ドイツに伝わる民話「ティル・オイレンシュピーゲル」はトリックスターの典型例とされている。ティル・オイレンシュピーゲルは、14世紀の北ドイツに実在したという伝説的な人物で、さまざまないたずらで人々を翻弄したという言い伝えが残っている。彼のエピソードは人々の口伝で伝えられ、それがのちに『ティル・オイレンシュピーゲルの愉快ないたずら』という一冊の民話本にまとめられた。ティルのエピソードには、ＡＤＨＤの特徴が濃厚に読み取れる。

ザクセンの地に生まれたティルは、子供の頃からいたずらの限りをつくし、おどけてかけずり回っていたため、近所からはあくたれと呼ばれていた。成長してからも彼の悪さは治まらず、各地を放浪して司祭の焼き鳥を失敬したり、お布施を巻き上げたりもした。老いて病に倒れたときも、罪を悔い改めるどころか、ティルはやり残した3つのいたずらを後悔したのだった。

ティルの物語が民衆に支持されたのは、彼が既存秩序の代名詞である権力者や教会を絶妙に手玉にとるシーンを読んで、溜飲を下げたからであろう。

現実の世界でも、沈滞した閉塞状況を打ち破るのは、ADHD的な気質をそなえたトリックスター達である。彼らはためらわずに決断し、既存秩序への挑戦と突進を繰り返すが、その過剰な試みは、新しい活路を切り開く契機になる。

シェイクスピアの『夏の夜の夢』

英国の文豪ウィリアム・シェイクスピア（1564〜1616）による作品にも、トリックスターの気質を持つ登場人物が描かれている。

『夏の夜の夢』は、1590年代の末頃に上演された喜劇である。当時の英国は女王エリザベス一世の統治下で、スペイン無敵艦隊に勝利し、大英帝国として発展していく基礎が築かれた時代である。

物語の舞台は、アテネ郊外の森。そこで貴族や妖精たちによって、恋人たちの恋愛物語が繰り広げられる。冒頭で、アテネ公シーシアスとヒポリタとの結婚式が間もなく執り行われることが告げられた。

貴族の娘であるハーミアにはライサンダーという恋人がいたが、父親からはデメトリアスとの結婚を求められていた。

ハーミアとライサンダーは森で落ち合い駆け落ちする約束をする。だがその後をデメトリアスと彼を慕う女性ヘレナも追っていた。

森では妖精王と女王がインド人の小姓を巡って喧嘩の最中で、機嫌を損ねた妖精王は妖精パックを使って、女王のまぶたに浮気草の媚薬を塗らせた。この薬は、目を覚まして最初に見たものに恋してしまうという作用を持っていたため、女王はロバを愛することになってしまう。

さらにパックはデメトリアスとライサンダーにもこの薬を塗ったために、彼ら2人はヘレナを愛するようになってしまった。

この物語で重要な役割を演じているのが、妖精パックである。パックはいたずら好きの妖精で、自ら「夜をさまよう浮かれ小坊主」と称している。

パックは陽気で悪気はないにもかかわらず、早とちりや勘違いからみなに混乱を引き起こす。パックはいたずらばかりしていて、碾臼がひとりでに動くようにして村娘を驚かしたり、ビールの酵母を泡立たなくさせたり、夜道を歩む旅人を迷わせたりして人が困るのを見て面白がっていた。

パックはトリックスターの性質を持っている。破天荒な行動で時には秩序を否定し、またある時には、沈滞した状況を打ち破る。こうしたトリックスターの性質は、衝動的に思いのままに行動する傾向の強いＡＤＨＤと共通した部分が多い。

この戯曲においては、パックのいたずらと勘違いが混乱をもたらすが、そのことによる事態の変化によって２組の恋人たちに幸福をもたらすことになったのだった。

『ライ麦畑でつかまえて』

20世紀の文学作品にも、トリックスターの特性を持つ人物が登場する。

Ｊ・Ｄ・サリンジャー（１９１９〜２０１０）は、世界中の若者に愛された作家である。この作家が「狂気」や「精神疾患」と近い距離にいるとは、一般に考えられてはいないが、精神病的な要素を醸し出す作品を残している。詳しくは第五章で説明するが、ここでは彼の代表作『ライ麦畑でつかまえて』を見てみたい。

この作品は、いわゆる「青春小説」として読まれていることが多い。主人公は成績不良のため退学が決まっている16歳の少年ホールデン・コールフィールドで、彼が学校の寮を衝動的に飛び出してからの数日間が描かれている。

ホールデンの特徴として第一に目立つ点は、世の中の通常の決まりごとに対して否定的であることだ。この点については「大人の世界への反抗」とみなされることもあるが、彼の場合はむしろ「押し付け」に対する感情的な反応である。ホールデンの気分は変わりやすく、極端から極端に揺れ動くことが多い。

第二に、ホールデンの思考はまとまらず、別の方向に散乱しやすい。歴史教師のスペンサー先生に別れの挨拶に行ったとき、成績の話をしながら彼が考えていたのは、自宅近くのセントラルパークのこと、冬になると池の家鴨《あひる》たちはどこにいくのかということだった。

第三に、彼には衝動的な側面もあった。弟のアリーが白血病で早世したときには、拳でガレージの窓をすべてぶちこわしたために、精神分析を受けさせられそうになったという。その上ホールデンはいつも何かをしていないと落ち着かない。学校での最後の夜、彼は髭剃りをしている同室者の横で蛇口の栓をひねって水を出したり止めたりしながら、他愛のないおしゃべりを続けていたが、突然意味もなくタップダンスを始めたのだ。

その後、「あまりに寂しくてやりきれないから」と衝動的に寮を飛び出したホールデンは、突然の思いつきで、ガールフレンドのサリーに田舎へ行って結婚し一緒に暮らすことを提案したがあっさりと拒否されてしまう。

このように見てみると、ホールデンの行動は、彼の衝動的、多動的な心性と関連していると思われる。彼がＡＤＨＤ的な特性を持っているのは確かなようであり、また彼の秩序破壊的な行動パターンは、物語の中ではトリックスターの役割を担っている。

孔子十哲

中国文学者である井波律子は、中国の神話や古典文学において、多数のトリックスターが登場していることを指摘した（『トリックスター群像』）。井波は「トリックスターとは道化者、悪戯者、ペテン師、詐欺師等々の要素を合わせもち、ときには老獪かつ狡猾なトリックを駆使して、既成の秩序に揺さぶりをかけ攪乱する存在を指す」と定義している。

中国神話における最大のトリックスターとして、井波は、中国最古の皇帝とされる黄帝《こうてい》と激烈な戦いを演じた蚩尤《しゆう》の名をあげている。

秩序をかき乱すカオスの神である蚩尤にはさまざまな伝説があり、獣身で銅の頭に鉄の額を持つとか、人の身体に牛の頭と鳥の蹄を持つなどともいわれている。『述異記《じゆついき》』（任《じん》昉《ぼう》）で彼は、「身体は人間だが蹄があり、四つ目で手は六本ある」と記された。彼は魔術を駆使して黄帝を追い詰めたが、最後には生け捕りにされて処刑された。

さらに井波は実在した人物にも目を向け、孔子の弟子である**子路**（BC543～BC481）にもトリックスターの特徴がみられることを指摘している。

子路は孔子の弟子として最も優れた10人「孔門十哲」の一人である。彼は武勇を好み勇敢な人物であったが、性格的には軽率なところがあり、思い込んだら一途になる暴走癖があった。また、しばしば調子の外れた発言をした。孔子と初めて出会ったときにも、雄鶏の羽の冠を帽子につけ、豚の皮を腰の剣につけて無礼な態度をとった。それでも子路は、孔子に最も愛された弟子でもあった。こうした特徴もＡＤＨＤのそれを彷彿とさせる。

なお、子路は仕官先の反乱に巻き込まれて、悲劇的な死を遂げている。

源義経

ここで、トリックスターの性質を持っている日本の人物について検討してみよう。

わが国の歴史におけるトリックスターを一人あげるとすれば、悲劇の武将、**源義経**（1159～1189）がその代表格である。

義経は源平合戦の立役者であり、今でも人気の高いスーパースターである。幽閉されていた鞍馬から逃亡し、奥州の闇の中から突然現れた義経は、源氏の棟梁であった兄・源頼朝の副官となった。そして、少数精鋭の兵力を駆使した大胆な戦略で短期間のうちに勝利を重ね、たちまち栄華を誇っていた平家一門を打ち滅ぼした。

だが、平家滅亡の最大の功労者であったにもかかわらず、義経は兄・頼朝の怒りを買い、反逆者として追われる身となった。諸国を流浪し、やがて奥州藤原氏の下に身を寄せた義経だったが、藤原泰衡の裏切りに遭い、最期は平泉にある衣川館《ころもがわのたち》で自ら命を絶った。

この悲劇の主人公がなぜトリックスターなのか？

一つには彼がアンチヒーロー的な行動を堂々と行ったことが理由としてあげられる。源平の戦いにおいて、義経軍は数では圧倒的に少なかったが、非常に強力だった。平家の軍勢は義経軍の前に戦《いくさ》らしい戦をすることもできず、敗退を繰り返した。

義経が勝利を重ねた最大の要因は、当時の常識から逸脱したダーティーな戦法を彼が平気で用いたことにある。一ノ谷の戦いでは、山の斜面を駆け下りて平家軍を壊滅させた。本来、当時の合戦は、双方の武将同士がまず名乗りあってから刃を交えるという悠長なものだった。義経は軍勢を個ではなく集団として活用した最初の武将であった。屋島の海戦においては、戦闘要員ではない船の漕ぎ手を矢で射殺《いころ》すという禁じ手を用いた。このため漕ぎ手を失った平家軍の船は訳もなく敗走したのである。

義経は頼朝の命令に忠実でなく、無断で朝廷から官位を得たことで頼朝の不興を買い、逆に謀反人として追討されてしまう。

義経は秩序の破壊者であり、破天荒な戦略で平家の天下を覆した。けれども、彼は頼朝が作りあげようとしていた武家社会の秩序にも従おうとしなかった。一瞬見事に輝いたが、激しく燃え尽きるようにして滅びてしまったのである。

義経は歴史の闇の中から突如現れた英雄だった。リアルな義経は美男子とはいえなかったようだが、華美を好み、その鎧の美しさに人々は感嘆した。さらに京都随一の美人であった静御前を愛人にしている。義経は天下人まであと一歩という位置にまで上りつめたが、それは一瞬のことで、またたく間の転落が待っていた。これはまさにトリックスターの生きざまなのである。

「美濃のマムシ」斎藤道三

こうして考えてみると、歴史上のスーパースターたちは古い秩序の破壊者でもあった。

そして、トリックスターの性質を持つ人物が少なからずみられる。義経のように、無名の存在だったのがある日突然、すい星のように出現し、みるみるうちに力を伸ばしていき、古い秩序を崩していく……そうした例は枚挙に暇がない。

前述の井波も、中国史上の英雄やアンチヒーローたち、夏王朝の桀、殷王朝の紂、秦の始皇帝、前漢を滅ぼした王莽、三国志の英雄の曹操、唐の安禄山などがトリックスターの性質を持っていると述べている。

日本の戦国時代について見直してみると、美濃の国主まで上り詰めた**斎藤道三**（1494〜1556）もトリックスターと言えるかもしれない。

道三の出自には不明な点が多い。油売りから大名まで成り上がった道三の生涯は、司馬遼太郎の『国盗り物語』に詳細に描かれているが、道三には虚実入り混じったストーリーが多く、真実は謎に包まれている。

後に道三を名乗ることになる松波庄九郎は、京都の妙覚寺で「智恵第一の法蓮房」と呼ばれた優秀な僧侶であったが、天下を狙う夢を抱いて還俗する。彼は油商奈良屋の身代を乗っ取り、それをきっかけとして、主君を持たない牢人から美濃国守土岐頼芸の腹心として策謀をめぐらせて上り詰めていく。

道三は岐阜の稲葉山城に大改築を加えて巨大城郭を建設し、主君である土岐頼芸を美濃から追放して守護の座を奪い取った。さらに道三は尾張の新興大名である織田信長と手を組み、天下を窺うばかりとなったが、最期は悲劇的であった。道三は嫡男である斎藤義龍に反旗を翻されて、長良川の合戦で戦死したのである。

道三はペテン師、詐欺師であるとともに人たらしの名人でもあったが、同時に深い学識と教養を持つ人物であった。道三は織田信長を娘婿とするが、信長の先駆者ともいうべき古い秩序の破壊者であった。身分や家柄を問わず、能力さえあれば下層の出身者でも取り立てた。また巨大寺社が持っていた商業の利権を打ち払い、自由な商業活動を認めた。これは、後に信長が「楽市楽座」とした政策である。

道三は古い秩序の破壊者であり、また簒奪者でもあるという複雑な二面性を持っていた。そして義経や他のトリックスターたちと同様に、絶頂の状態から急激に転落し、命までも失ったのであった。

庶民宰相、闇将軍

このようなトリックスターの生きざまを現代にあてはめて考えてみると、そうした人物は数多くいる。

たとえば元首相の**田中角栄**（1918〜1993）の生涯は、まさにトリックスターの特性を示しているように考えられる。角栄は学歴も人脈もない中、理化学研究所に出入りする書生から身を起こし、戦中戦後の混乱期に巧みに立ち回って実業界で成功をおさめた。若くして政界に進出し、明晰な頭脳と巧みな人心収攬術で人々の心を摑み、出世階段を上り詰めた。

角栄は驚異的な記憶力の持ち主でもあった。配下の官僚たちの学歴・入省年次から家族関係に至るまで事細かに記憶し、野党の政治家たちの選挙区事情まで把握していた。相手が困っていることを敏感に察知し、フォローを欠かさなかった。そして、わずか54歳で総理大臣に就任し、「庶民宰相」と祭り上げられた。

既存秩序の破壊者であり、改革者でもあった。カネの力にものを言わせて派閥を拡大し、権勢をふるった。国政では「列島改造論」をぶち上げ、高度成長をリード。外交においては中国との国交回復を成し遂げ、日米繊維交渉で辣腕をふるった。

だが、総理就任後、角栄は金権体質が批判を浴びて短期間で辞任に追い込まれる。そして米国発のロッキード事件によって、逮捕・起訴される。

ただ、角栄はそれで終わらなかった。総理辞任後も「闇将軍」として政界に君臨し、高い人気を誇り、角栄の一挙手一投足は世間の注目を集めた。

しかし、竹下登らが派閥を割ると、子分だった政治家たちは雪崩を打つようにして角栄の下から離れていった。自暴自棄になった角栄はウイスキーをあおり、脳梗塞に倒れた。

セレンディピティ

ここで少しテーマを変更して、天才たちがその能力を発揮するきっかけについて述べてみたい。

セレンディピティという言葉がある。素晴らしい偶然に出会うことや、予期しない新たな発見をすることを意味するが、英国の小説家であるホレス・ウォルポールが1754年に生み出した造語である。この言葉は、『セレンディップの3人の王子』というペルシア童話にちなんでいる。セレンディップとは現在のスリランカのことである。ウォルポールは次のように述べている。

「セレンディップに三人の王子がいた。『彼らが旅に出ると、いつも意外な出来事と遭遇し、王子たちの聡明さによって、彼らがもともと探していなかった何かを発見した』」

近年、科学技術の世界でも芸術関係においても、このセレンディピティの重要性が指摘されている。

たとえば科学の分野における新発見は、一般的かつ明確に定義されたテーマについて、その時代における理論的な枠組みの中で、一歩一歩階段を上るように実験や観察を重ねるなかで実現される……と考える人が多いかもしれない。

けれども、実際の科学における革新的な発見や創造は、このような地道な努力から生まれたものはほとんどない。予定外のハプニングや、それまでは注目していなかった偶然の観察結果などから新たな知見が得られたものが大部分なのである。新たな視点は、「思いがけないラッキーな贈り物」、つまりセレンディピティとしてやってくるのである。

この点について、ニューヨーク州立大学ストーニーブルック校医学部名誉教授であるモートン・マイヤーズは、セレンディピティが出現するためには、単なる偶然だけでなく、それを受け止める知性と聡明さが必要であると述べている。

「偶然の出来事プラス聡明さ《サガシティー》（sagacity）」。サガシティーとは、奥まで見通す知性、鋭い感受性、深い判断力によって定義されるもので、セレンディピティにはなくてはならないものである。自らに起こる幸運な出来事をつかむ人は、知恵のない人ではない。実際彼らの心は、特別な能力を持ち、確立された原理から脱却し、新しい可能性をイメージできる」

「セレンディピティは、準備された心によって、予期せぬ観察が、求めていなかった何かに到達すること、あるいは何かを発見し、価値あるものになることを意味する。幸運な偶然（チャンス）というだけでは発見に結びつかない。判断力を伴った偶然でなくてはならない」（モートン・マイヤーズ『セレンディピティと近代医学』中公文庫）

このような観点から考えてみても、拡散的な思考方法を得意とし、決まりきった手順に従うことをよしとせず、自らの興味を推進する傾向の大きい発達障害、とくにＡＤＨＤの特性を持つ人は、セレンディピティに遭遇する頻度が大きいと考えられる。

さらにマイヤーズは創造性について、「創造的な心というのは開放的で、直線的な推論を超えて広がる。枠の外まで考え、既存の知識の外に目を向け、予期せぬものをつかむ」と述べているが、これはまさに発達障害的な特性を言い当てているものである。

第四章
うつに愛された才能

ヘミングウェイの一族には精神疾患の影が漂っていた

ケイト・スペードの栄光と死

うつ病はいまやありふれた一般的な病となっている。かつては、うつ病になりやすい特有の性格や特徴が存在すると言われた時期もあった。その点は必ずしも誤りとはいえないが、現在では病前性格とうつ病の関連については否定的な見解も多い。

ただ、本書でも述べてきたように、創造的な才能は、うつ病や躁うつ病との関連が大きいことが以前から指摘されてきた。

本章においては、うつ病や躁うつ病に罹患した過去の傑出者、著名人についてその生涯を振り返り、創造性と疾患の関連について検討したい。

米国のファッションブランド「ケイト・スペード　ニューヨーク」は、世界中の若者に愛されている。日本でも、専門店だけでなく多くの有名デパートやファッションビルがこのブランドのコーナーを持っている。

ミズーリ州カンザスシティに生まれた**ケイト・スペード**（1962〜2018）は、アリゾナ州立大学でジャーナリズムを学んだ後、ファッション雑誌『マドモワゼル』誌の編集者となった。その後、1993年に夫とともに「ケイト・スペード　ニューヨーク」を立ち上げ、世界的に著名なブランドにまで成長させた。

ケイトは才能のある魅力的な女性であった。ファッションディレクターのジョー・ズィーは彼女について次のように述べている。

「彼女は、ファッションの世界で何が求められているか、考えなくても分かっていました。業界の中で何が言われていようと構わない。ケイトは、自分が正しいと感じたことだけ実行した。それで十分だったのです」

ケイトは、またたく間に成功への道を駆け上った。95年には米ファッションデザイナーズ協議会の新人賞を獲得、97年には同協議会の年間最優秀アクセサリー・デザイナー賞を受賞、さらに99年には、アクセサリー協議会「ACE賞」最優秀アクセサリー・デザイナー賞を受賞している。

アメリカ版『ヴォーグ』の編集長であるアナ・ウィンターは、ケイトについて次のように述べている。

「ケイト・スペードは、世界中の女性が何を持ち歩きたいか、何を身に付けたいか的確に把握できる、うらやむほどの才能を持っていました」

ところが2007年、ケイトはブランドの経営権を大手の会社に売却してしまった。その後、彼女は別のブランドを立ち上げていたが、2018年6月5日、ニューヨーク・マンハッタンの自宅で縊死しているのが発見された。55歳だった。

翌6日、ケイトの夫は、彼女が5年間うつ病と不安障害の治療を受けていたことを明らかにした。医師からは入院を勧められていたが、本人が拒んでいたという。

チャーチルの「黒い犬」

うつ病に罹患した傑出者としてまず名前を挙げるべきは、英国の首相を務めた**ウィンストン・チャーチル**（1874～1965）であろう。世界の企業経営者による「最も尊敬するリーダーランキング」で、彼は1位の座を獲得している。

チャーチルはうつ病のことを「黒い犬」と呼んだ。これは言いえて妙な表現であるが、「黒い犬」という言い回しは彼のオリジナルではなく、古くからある言葉らしい。彼は自分の病気のことを、「黒いうつ」とも言っている。

チャーチルは古くからの貴族の家系の出身で、高名な政治家であったランドルフ・チャーチルの長男として生まれた。当時の英国はヴィクトリア女王の統治下で、まさに大英帝国は繁栄の絶頂期にあった。

チャーチルの母は、アメリカ人で魅力ある女性だった。父ランドルフは公爵家の三男で大蔵大臣まで務めた政治家であったが、病のため政治活動から引退した。ランドルフの病気はうつ病であるとも、進行麻痺であるとも、あるいは脳腫瘍とも言われている。

チャーチルは多才な人物である。政治家としての業績はもちろん、文筆家としても多くの著作があり、『第二次大戦回顧録』によりノーベル文学賞を受賞している。ドキュメンタリー以外に、『サヴローラ』という冒険小説も出版した。これはアンソニー・ホープによる『ゼンダ城の虜』に触発されて書いたらしい。

さらにチャーチルの絵画の評価も高いものがあり、プロの画家としても通用するレベルだったといわれる。チャーチルは20世紀における最良の政治家の一人と称えられており、アメリカのケネディ大統領（当時）は、「我々の時代の中で、人類の歴史の舞台に登場した、最も尊敬され、最も栄誉ある人物」と賛辞を贈っている。

チャーチルの性格はいわゆる循環気質に属するものだった。彼は積極的、行動的で、困難も笑顔で乗り切ってしまう豪放さを持っていた。多くの友人、知人から慕われる一方、自分の意見に固執する傾向があり、頑固で怒りっぽかった。政敵に対しては徹底して戦い妥協することはなかったが、謀略を働くことは決してなかった。

チャーチルのうつ状態は、その多くが政治的な敗北などの状況的な要因によって誘発されることが多かった。

24歳の時、彼は南アフリカでボーア戦争に従軍した。彼は当時、軍の士官であるとともに従軍ジャーナリストとして活躍しており、モーニングポスト紙の記者として戦地に赴いていた。さらには危険な戦闘にも幾度も参加している。その際、彼はボーア人の捕虜となり、プレトリアの収容所に監禁された。このとき、重いうつ状態となった。チャーチルはこれを「暗黒の気分」と呼んだ。だが、自ら収容所を脱出することによって改善した。

チャーチルは29歳頃、感情面で不安定となっている。彼はその4年前、25歳の若さで下院議員に初当選していたが、国会での演説中に突然言葉を失い、混乱した様子で手で顔を覆って、椅子に座り込んでしまったというエピソードもあった。

その後、精神状態が安定したチャーチルは政治の世界で活躍したが、第一次世界大戦におけるダーダネルス作戦の失敗の責任を問われて海相を罷免され、一時、国会の議席も失った。これをきっかけとして、彼は抑うつ気分、悲哀感・絶望感が強くなり、一時的に希死念慮の出現もみられた。チャーチルのうつ状態は、数週間の単位で改善と悪化を繰り返した。

1930年代、ヒトラーを総統とするナチス・ドイツに対してチェンバレンを首相とする英国は宥和政策を取り続け、ヒトラーの東ヨーロッパへの侵攻を黙認した。これに対して新たに首相に就任したチャーチルは、国民を鼓舞してナチスと真っ向から戦うことを主張した。この時期、彼は疲れを知らない不眠不休の奮闘をし、軽度の躁状態にあった可能性もある。

終戦直前、チャーチルはいったん政権を失ったが、51年に再び首相に返り咲いている。80代で2度目の首相の座を去った後、健康状態はおもわしくなく、抑うつ気分と無力感が遷延した。彼は「私は終わった。私にはもう何もすることはない」と周囲に悲痛な調子で漏らすことが多かった。

チャーチルは主治医モラン卿によって診察を受けていた。その時代、まだ現在の抗うつ薬は開発されていなかった。このためチャーチルは、中枢神経刺激剤の投薬を受けていた。チャーチルの診断については、うつ病という説が有力であるが、躁うつ病説も唱えられている。確かに好戦的で攻撃的な言動は、彼が軽躁状態にあったことを示しているのかもしれない。

無謀を好む

このように見ていくとチャーチルがうつ病、あるいは躁うつ病に罹患していたことは間違いがないように思える。

けれどもチャーチルの個人史を振り返ってみると、別の重要な視点が存在していることに気がつく。元ロンドン市長ボリス・ジョンソンが『チャーチル・ファクター』において指摘しているように、チャーチルの特徴は積極的、行動的で、豪放さを持っていたというだけにとどまらず、彼はエキセントリックで大げさで、不作法でもあり不遜な人物でもあった。ジョンソンがあげているエピソードをいくつか引用しよう。

チャーチルが社会主義者の女性議員とのやりとりの中で、「あなたは酔っていらっしゃるわね」と言われたときのこと、彼は「あなたは不細工でいらっしゃいますね」と言い返し、さらに「私の酔いは朝には醒めるだろうね」と続けたという。

サンドハースト陸軍士官学校にいたときは、競馬で不正行為に手をそめた。南アフリカで捕虜となったときには、仲間を置き去りにして逃げ出した。

さらに彼は文字通りの命知らずで、誰よりも危ない橋を渡ることを好んだ。30代のチャーチルは、当時は危険な乗り物であった飛行機を自ら好んで操縦した。彼は飛行機にのめり込んでしまい、何時間も操縦を止めようとしなかった。飛行中に機体が故障して墜落し、危うく命を失いかけたこともあった。その後も、家族や友人がいくら懇願しても、操縦を止めようとしなかった。

またチャーチルは好んで戦場に出向いていった。キューバでの反乱の際には、記者という立場を得てスペイン軍に紛れ込み、本物の銃弾が飛び交っている現場を駆け巡った。彼は、アフリディ人の反乱軍が英国軍に激しい攻撃を仕掛けていたインド戦線にも加わった。この戦場では、チャーチルのすぐ隣にいた兵士の身体がバラバラに切り裂かれた。彼は何時間も敵の攻撃の的になったが、砲火の真っただ中にいることを誇示したのだった。このようにチャーチルは勇敢という言葉を通り越して、並はずれて攻撃的、衝動的であった。彼は危険を好んでいたのであり、常に自らを危険な状態に置いておくことが快楽だったのである。

こうした傾向はじつは彼の子供時代から認められたものである。彼は「手に負えない子供」であり、気に入らないことがあると、すぐに勝手な行動をとった。家庭教師が嫌で、森に逃げたこともあった。

18歳のときには、他の親戚の子供たちと遊んでいるときに、無謀にも橋の上から飛び降りて、10メートルあまり下の地面に叩きつけられ、腎臓を損傷し数日間意識を失っていたこともあった。

学校では教師の言うことをまるで聞かなかった。気に入らない学科はまったく勉強しようとしなかった。規律にも従おうとせず、よく教師と衝突していた。

このようなチャーチルの性格や特性をどう捉えたらよいのだろうか。生涯を通して彼は、衝動的、攻撃的で、センセーション・シーキング（危険なことを好む傾向）が強かった。これは第一章で述べたＡＤＨＤの特徴に一致する部分が多い。

チャーチルに不注意の症状があったかどうかは明らかではないが（時間にはルーズであったらしい）、彼には一定のＡＤＨＤの特性があり、政治家として成功したことは少なからずこの性質と関連しているように思える。

ルーズベルトの晩年

ここで本書のテーマからは多少外れることになるが、チャーチルと同時代人であった、アメリカの大統領、**フランクリン・ルーズベルト**（１８８２～１９４５）についても少しふれておきたい。

アメリカの歴史で最も偉大な大統領と賞されるルーズベルトは、生涯の最後の大舞台であったヤルタ会談（1945年2月）において、病のために心ならずも十分に力を発揮できなかった。この時のルーズベルトは脳の疾患のために、一種のうつ状態に陥っていた。

ヤルタ会談当時、チャーチルの健康状態は良好であり、英国およびヨーロッパを代表して、スターリンに対峙している。前述したようにチャーチルは以前にうつ病を発症していたが、この頃は安定した状態であった。

しかし、自由世界の政治的なパートナーであるルーズベルトは、十分な交渉ができる精神状態にはなかった。会談の行われたクリミア半島にある保養地のヤルタに訪れた時点で、ルーズベルトはすでに心身とも疲弊しきっていた。

もともとルーズベルトは、決して頑健ではなかった。21年に彼はポリオに罹患し、その後遺症のために歩行障害がみられ、車椅子を使用していた。44年のアメリカ大統領選挙でルーズベルトは空前の4選を果たしたが、選挙戦での消耗は激しかった。同時期に第二次大戦を終結させるため、彼はカサブランカ、カイロ、テヘランと世界中を文字通り飛び回る必要があり、これが健康状態をさらに悪化させることになった。

チャーチルの主治医であったモラン卿はヤルタにも同行していたが、ルーズベルトの状態について次のように記載している。

「医者の目から見れば、ルーズベルト大統領はかなりの重症患者だった。脳動脈硬化症の症状がはっきり現われており、私の見るところでは硬化症はすでに相当進んでおり、あと数カ月もてばよいというところだ」（倉田保雄『ヤルタ会談』筑摩書房）

モラン卿が記述するように、ルーズベルトには脂の乗り切った共産主義者スターリンを相手に、タフな外交交渉を乗り切れる判断力も気力も備わっていなかった。脳障害に基づくうつ状態によって、気分的にも不安定で、会談の途中で、血圧が３００まで上昇したこともあった。

脳動脈硬化症という病名は現在あまり使用しなくなったが、脳の動脈硬化により血流障害のみられる疾患で、多発性の脳梗塞を伴うことも多い。進行がゆるやかであると、脳血管性痴呆に移行していくが、症状が急速に出現して脳卒中を発症し、四肢の麻痺、失語症、意識障害などから死に至ることもある。事実、ルーズベルトはヤルタ会談のわずか2カ月後に世を去った。

ルーズベルトは会談に臨んで、関係書類を読みこなす気力もなかった。彼は国務省が会談のために作成した資料集である「黒本」にもまったく目を通さなかったという。

このようにヤルタ会談のルーズベルトについては、その病気のために米英側に不利な結果に終わったという評価が多い。いずれにしろ、死期が迫り、精神状態も不安定な病人によって、世界の多数の人々の運命が決せられたことは、空恐ろしいとしか言いようがない。

ヘミングウェイのうつ病

うつ病に罹患した作家といえば、**アーネスト・ヘミングウェイ**（1899〜1961）の名が真っ先に思い浮かぶ。ヘミングウェイはアメリカが生んだ小説家の中で、最も著名であるとともに、多くの人々に愛された人物である。

ヘミングウェイに対する一般的なイメージは、自殺とは遠いところにある。第一次世界大戦のイタリア戦線、その後のスペイン内戦や連合軍のパリ解放にも参加し、個人的にも猛獣狩りや大物釣りを愛した、豪放で行動的な作家というイメージが強い。

しかし、61歳のとき、ヘミングウェイはアイダホ州の自宅において猟銃で自殺を遂げた。口内に向けて発射された散弾は彼の頭部を吹き飛ばし、残ったのは口と顎、両頬の一部だけという凄絶な最期だった。彼は、じつは自殺する1年あまり前からうつ病に罹患していたのだ。

ここで彼の人生を振り返っておこう。

ヘミングウェイはシカゴの近郊にあるイリノイ州のオークパークで生まれた。彼の実家は裕福で、少年期には医師であった父クラレンスから狩猟や釣りの手ほどきを受けた。ハイスクール卒業後に新聞記者となったが、第一次世界大戦に従軍し重傷を負っている。現在でもヘミングウェイの生家は訪問することが可能である。

オークパークは、豊かなミドルクラスの地域であるとともに、保守的で信仰心の強い町だった。当時は独立性の強い地域でもあった。作家になったヘミングウェイは、この故郷の町をほとんど描いていないが、その理由について自身は説明していない。

ヘミングウェイは活発でスポーツ好きの少年だった。父は彼をよく魚釣りなどのアウトドアに連れだした。音楽家志望であった母とは折り合いがあまりよくなく、彼は父親と深く結びついていたが、その一方でクラレンスは厳格な宗教的な規律で子供たちをしつけていて、しばしば体罰を加えていた。

オークパーク時代のヘミングウェイについては不明な点が多い。環境に適応できていなかったという説も唱えられており、マルカム・カウリーは次のように述べている。

「彼はハイスクールではしあわせではなく、二度も家出をした。クラスメートによれば彼は孤独な少年で、時々冗談の的になり、最終学年になるまでダンスパーティーには行かなかった」（マルカム・カウリー『ポータブル・ヘミングウェイ』）

しかしこうしたエピソードを確認できる資料はなく、ヘミングウェイの親族は否定している。妹であるマドレイン・ヘミングウェイも、回想録においてこの見方を否定している。

前田一平（鳴門教育大学教授）は著書『若きヘミングウェイ』の中で、実際のヘミングウェイの少年時代は幸福なものだったと推測している。その根拠としては、彼がさまざまなスポーツに取り組んだことや、成績も優秀で、学校の新聞に多くの記事や小説を書き、それが称賛されたエピソードをあげている。新聞の編集を一緒にしていた女生徒は、次のように述べている。

「彼はあの頃快活で、いつも笑っていて、屈託がなかった。彼の文学的才能は認められていたが、作家になるとしたらユーモア作家になるのではないかと思われた」

ヘミングウェイは作家を目指し、最初の妻であるハドリーと結婚後、1921年からパリに在住する。彼はトロントの新聞の通信員を務めながらパリのカフェで小説の執筆を続け、『われらの時代』『日はまた昇る』などを発表した。このパリ時代には、ジェイムズ・ジョイス、スコット・フィッツジェラルドなどの文学者と親しく交わった。

30年代にはスペイン内戦へ参加し、このときの経験は『誰がために鐘は鳴る』として結実した。44年には占領下のパリで自由フランスのレジスタンスの兵士たちの指揮をとり、ドイツ軍への待ち伏せ攻撃を行ったりもした。

戦後、52年に発表した『老人と海』によって、ヘミングウェイはピューリッツァー賞を受賞する。さらに54年には、ノーベル文学賞も受賞した。

だが、彼の元に徐々に黒い影がしのびよっていた。

FBIに尾行されている

ノーベル賞を受賞した55歳のとき、彼はアフリカへ狩猟旅行に行き、2度の飛行機事故にあった。ヘミングウェイ一行はナイロビからベルギー領コンゴに向かう途中、マーチソン瀑布の上空を旋回中に墜落し、さらに救援の飛行機が離陸に失敗して炎上した。

瀕死の重傷を負ったヘミングウェイは、以後健康に問題を抱え、創作への意欲も衰えた。健康面では血圧が高く糖尿病も発症したため、主治医から食事と酒を徹底的に管理された。

しかし59年には体調も回復し、スペインで長期間にわたり闘牛とフェスタを満喫した。

彼の精神状態が再び変調したのは、死の前年である60年のことである。この頃よりヘミングウェイは気分の変動が激しくなり、上機嫌かと思うと塞ぎこんでしまい、抑うつ的になることが多かった。

いつも不安にかられ、自分の創作力が枯渇したことを嘆くとともに、過去の自作の価値も疑うようになった。飲酒量も非常に多くなった。抑制がきかない状態で衝動的、怒りやすくなり、理由もなくレストランでボーイの胸ぐらをつかんで、わめき散らすこともあった。

さらにヘミングウェイは、すべての事柄に対して悲観的、厭世的になった。自分自身が人生の敗北者であると感じ、自分の存在そのものに否定的な気持ちになっていく。加えてアルコールの影響もあり、「電話が盗聴されている」などの被害妄想的な言動もみられている。

ドライブの途中で、ヘミングウェイは突然自分たちが連邦警察（ＦＢＩ）につけまわされていると言い出した。これは明らかに被害妄想である。

「『しかし、パパ、どうして連邦警察捜査員があなたを尾行するのですか？』私は自分を抑えながら言った。

『……おれの車は眼をつけられている。何もかも調べられているんだ。電話を使えない。郵便物は検閲をうけている。だからきみに電話をかけるのはやめてしまった。いつか電話が切れたことをおぼえているだろう。盗聴していやがったんだ』」（A・E・ホッチナー『パパ・ヘミングウェイ』早川書房）

電気ショック療法

1960年、ヘミングウェイはうつ病の治療のためにメイヨー・クリニックに入院した。メイヨー・クリニックはミネソタ州ロチェスターにある総合病院で、アメリカ全土の中でも最も医療レベルが高い病院の一つとして知られている。

ヘミングウェイは、メイヨー・クリニックで電気ショック療法を受けた。この治療によって、ある程度彼の症状は改善したように見えたが、じつは十分に回復してはいなかった。病院を退院後もヘミングウェイは「精神科に入院させられたのはFBIの陰謀」であると信じていたし、病室には盗聴器が仕掛けられていて、医者の一人はFBIの回し者であると疑っていた。

この当時は現在のような抗うつ薬は十分に開発されていなかった。このため電気ショック療法は頻繁に施行されていた。この治療法は、当初は統合失調症などの精神運動興奮に対して用いられるケースが多かったが、最近では重症のうつ状態、とくに自殺の危険の高い患者に使用される頻度が高い。

メイヨー・クリニックを退院して数カ月後、ヘミングウェイは自宅で遺書を書き、猟銃を手にしているところを妻メアリに発見され、再びメイヨー・クリニックに入院することになった。病室で彼は、創作が手につかないことで絶望していることを訴えた。

さらにヘミングウェイは、このままでは税金が払えなくなると悩み、そのせいでFBIに必ず逮捕されると確信していた。妻のメアリに対しては、財産を自分のものにしようとしていると非難することもあった。

ヘミングウェイのうつ病には単なるうつ状態だけでなく、貧困妄想や被害妄想も伴っていた。このようにうつ状態に加えてさまざまな妄想を伴うケースを精神病性うつ病と呼んでいる。ヘミングウェイは、自殺することしか考えられなくなっていた。

晩年の作品に漂う「死の影」

ヘミングウェイが自殺する直前の1961年5月、彼と30年あまり前に別れた元妻ハドリーは、一本の電話を受け取った。弱々しい声の主は、かつての夫ヘミングウェイだった。彼は、きみと暮らしていたパリ時代の思い出を綴っているのだが思い出せない部分がある、助けてくれないだろうかと語った。ハドリーは快活を装うヘミングウェイの話し振りに、深い悲哀を感じたという。

別れた妻ハドリーの助けを受けて完成させた作品が、20年代のパリを描いた『移動祝祭日』だった。内容は小説ではなく、青春時代をすごしたパリを舞台としたエッセイである。執筆開始は57年秋で、翌58年7月には第一稿が完成している。その後念入りに編集が行われ、60年にメイヨー・クリニックに入院してからも改訂は続けられた。

妻のメアリによれば、ヘミングウェイが27年にパリのリッツホテルの金庫室に預けた原稿が、長い年月を経て56年に発見されたことがきっかけとなり、この作品が出版されたということである。

しかし、これには異論がある。ヘミングウェイの死後に発表されたこの作品に、身近に迫っていた死の影が漂っているように感じられるからだ。

本作においては、フィッツジェラルドをはじめ多くの文化人とヘミングウェイの交流が懐かしげに描かれている。ここで、ヘミングウェイはパリ時代の良き思い出を淡々と語っているが、アイルランドの詩人であるアーネスト・ウォルシュに対しては、「死の刻印を打たれた男」と否定的に述べた。ウォルシュは当時、結核に罹患していた。ヘミングウェイは、ウォルシュの周囲に漂う死の影に、理不尽に反発したのだった。彼は、自分自身に近づいていた死の足音に怯えていたのかもしれない。

「私は彼を見、彼の死の刻印を打たれた顔を見て、こう考えた。お前の手くだで、おれを手なずけようとする、この手くせの悪い男。おれは、道路のほこりに埋まった一大隊を見てきたんだぞ。その三分の一は死か、さらに悪い運命を背負っていたが、特に何の刻印も見られず、皆ほこりをかぶったままだった。それなのにお前、お前の死の刻印を打たれた顔、この手くせの悪い男、お前は死をたねにして生計を立てているんだ」（『移動祝祭日』岩波書店）

『移動祝祭日』に限らず、ヘミングウェイの晩年の作品には、自らの死が暗示されている。『海流のなかの島々』では、パパの愛称を持つ主人公の画家であるトマスが戦死している。また『エデンの園』の主人公である作家デイヴィッドは、オリジナルでは作家としての人生をあきらめる結末に行き着く。

文芸評論家は、ヘミングウェイの自殺を文学的な主題と関連して捉えようとする傾向が強い。確かに、人の死は、彼の文学において大きなテーマを形成している。二度の世界大戦における経験を通して、ヘミングウェイはいつも現実の死に直面していた。たとえば短編『死者の博物誌』においては、戦場に放置された死者が一つの「もの」としていかに変容していくかについて、感傷を排して描写されている。

しかし、人は文学的信念によって、自らの命を絶つものではない。自殺はもっと現実的なものだ。それは市井の一般人であろうと、ヘミングウェイのような著名人であろうと同じことである。彼の自殺の理由は、作品が書けなくなって収入の道が断たれ税金が払えなくなる不安と恐怖によるものであり、さらにそれによってＦＢＩに四六時中付けまわされているとの妄想が誘発されたためであった。

一族を次々に襲った精神病

ヘミングウェイの初期の作品においても「死」や「自殺」をテーマにしたものがみられている。

初期の短編集に収録されている短編小説『清潔で、とても明るいところ』で語られるのは、スペインの深夜のカフェにおけるワンシーンである。最近首吊り自殺を図ったが、失敗して生き延びたという富裕な老人が、一人でカフェに来た。老人は何も語らず、ただブランデーを繰り返し注文する。

深夜2時半、若いウェイターは、もう看板だと言って老人を店から追い出した。老人は黙って指示に従い、酔った足取りだが、威厳を持って去って行った。年上のウェイターはその姿を見て「この世はすべて無であって、人間もまた無なんだ」とつぶやく。

この老人には、「生気的抑うつ」という症状がみられたと考えられる。これは、何らかの原因があって出現するものとは異なる根源的な「抑うつ」である。ほとんどすべての事柄に対して喜びを見出すことができず、楽しいはずのことにも喜びを感じない。ヘミングウェイは、20代からこのような精神状態を体験していたのかもしれない。

ヘミングウェイのうつ病は家族性のものだった。ヘミングウェイの父クラレンスも、1928年に拳銃自殺によって亡くなっている。彼もやはりうつ病患者であった。さらにヘミングウェイのきょうだいも、同じ病気に悩まされていた。妹のアーシェラはヘミングウェイの死後3年目に、弟のレスターは21年後に自殺をしている。

それだけではない。ヘミングウェイと最初の妻ハドリーの息子ジャックの娘で、女優、モデルとして活躍したマーゴ・ヘミングウェイも、うつ病に罹患し薬物によって自殺を遂げた。

マーゴは55年生まれで、幼い頃はパリやキューバで過ごした。22歳で結婚するが、夫の勧めでモデルになり、『ヴォーグ』『コスモポリタン』誌のカバー・ガールとしてトップ・モデルの仲間入りを果たした。75年6月には、『タイム』誌の表紙を飾っている。

映画プロデューサーのディノ・デ・ラウレンティスに見出された彼女は、映画『リップスティック』で、妹のマリエル・ヘミングウェイと共に女優としてのデビューを果たした。しかしその後、女優としては低迷し、結婚も破綻してアルコールに溺れる日々が続いた。一時はアルコール依存症のリハビリテーション施設に通っていた。

96年7月、マーゴはカリフォルニア州サンタモニカのワンルーム・マンションで亡くなっているところを発見された。享年41。睡眠薬フェノバルビタールによる自殺だった。話はこれで終わらない。ヘミングウェイの三男グレゴリーも、ヘミングウェイ家に伝わる精神変調の犠牲となった。

2001年9月のある日の早朝、どぎつい化粧をした老女が、両手にハイヒールとドレスをぶらさげて、全裸に近い状態でマイアミの路上を徘徊していた。「彼女」は縁石に座り込み、下着を着けようとしていたところを警察に逮捕された。容疑は性器を人前に晒したことによる公然わいせつ罪だった。

その人物は当初グロリアと名乗っていたが、取調べにより、ヘミングウェイの三男であるグレゴリー・ヘミングウェイであることが明らかになる。グレゴリーは単なる女装をしていたのではなく、性転換手術も受けていたため、女性拘置所に収監された。

6日後、グレゴリーは独房の中で死んでいるのを発見された。享年69。自殺ではなく、心疾患による病死だったと伝えられている。

グレゴリーは、ヘミングウェイと2番目の妻ポーリーンとのあいだに1931年に誕生した。彼は一時ドラッグに溺れていた時期があったが、その後マイアミ大学の医学部を卒業し、開業医として順調な人生を歩んでいた。結婚生活も安定していた。

グレゴリーのもとに、うつ病の災厄が訪れたのは、中年期以降だった。彼は執拗なうつ病の症状に悩まされ、アルコールとドラッグに逃避した。父と同様、電気ショック療法を受けたこともあった。88年、57歳のとき、麻薬の常用のため、彼は医師免許を取り消されている。はっきりとした記録は残っていないが、性転換手術はこれ以降に受けたものらしい。

以上のように、ヘミングウェイの家族をたどっていくと、重いうつ病の刻印が刻まれていることが明らかである。その中でヘミングウェイに現れた稀有な文学的才能は、あだ花のように輝きを放っている。

精神障害から逃げ続けたテネシー・ウィリアムズ

20世紀における最高の劇作家として、**テネシー・ウィリアムズ**（1911〜1983）の名前をあげる人は少なくないだろう。『欲望という名の電車』『ガラスの動物園』『地獄のオルフェウス』などの作品は、長く読み続けられ演じられる名作である。

しかし彼の人生は、ホモセクシャルの傾向に悩み、アルコールと薬物依存に苦しみ、さらにうつ病と闘った一生だった。

1975年に刊行された彼の回想録『テネシー・ウィリアムズ回想録』は、当初「逃げろ、逃げろ、悲しみの宿から」というタイトルがつけられたという。このタイトル通り、ウィリアムズの人生は、絶えず精神障害から「逃げ」、動き続けていたものだった。

彼が数カ月以上、一カ所に腰を落ち着けていたことはほとんどなかった。ウィリアムズは、自らの生活は、「間借り暮らしに明け暮れた人生」で、自分のエネルギーの35％が精神障害との絶え間ない闘いに費やされていたと述べている。

テネシー・ウィリアムズはアメリカ・ミシシッピ州コロンバス生まれ、後にミズーリ州セントルイスに移った。本名はトマス・ラニアー・ウィリアムズである。後に自ら「テネシー」と名乗るようになった。ウィリアムズは祖父母の援助により大学で劇作を学んだ後、創作活動に励み、45年の自伝的な作品である『ガラスの動物園』で高い評価を受けた。

彼はアメリカを代表する劇作家となり、多くの作品がブロードウェイの舞台で演じられ、さらに映画化もされている。48年には『欲望という名の電車』で、55年には『熱いトタン屋根の猫』でピューリッツァー賞を受賞した。

だが、ウィリアムズの児童期は恵まれたものではなかった。彼の父は上流階級の生まれだったが、酒に溺れて身を持ち崩し、靴会社のセールスマンとして生計を立てていた。父は仕事はできる人物だったが、酒を飲んでは賭け事にふけることが多く、両親の争いが絶えず家庭的には不安定だった。父は給料を使い果たしてしまうこともあり、家賃が払えないことも何度かあった。

ウィリアムズは、5歳でジフテリアに罹患するなど病弱な子供だった。このため一人で夢想することが多かった。彼はおとなしい子供で、姉のローズとばかり遊んでいた。

ところが姉のローズは思春期以降、統合失調症を発症し、長期にわたり精神科に入院していたことが知られている。この姉は『ガラスの動物園』の主人公ローラのモデルであったが、最終的にはロボトミー手術を受けている。ロボトミーとは前部前頭葉切截術という脳外科の手術で、35年にリスボン大学の教授であったエガス・モニスにより考案されたものであるが、脳の不可逆な損傷を招くため、現在は行われていない。

工業都市セントルイスへの引っ越しは、ますます彼を孤独にした。故郷の町で「上品」に育てられた彼は、たちまちいじめに遭った。このため、ますます自分だけの世界に閉じこもることが多くなった。

ウィリアムズは、中学時代から詩や物語を活発に創作するようになった。その頃より同性愛的な傾向がみられた。作家として成功する以前から、彼はただひたすら作品を書くことに打ち込んでいた。食事の時間もすべて忘れて、文字どおりふらふらになるまで執筆を続けていた。

アルコールと薬物の乱用

ウィリアムズには思春期に赤面恐怖症、強迫観念、心臓神経症などの神経症症状が散発した。いわゆる「対人恐怖症」である。また彼は、自分の心臓には欠陥があって長生きできないと信じていた（実際には心臓に異常はなかった）。

さらに、旅行中に「発作」に襲われることもあった。1928年、祖父の一行とヨーロッパを周遊したときのことである。パリの路上で突然心臓の鼓動が速くなり、脂汗が出てきて、身体全体が震えてきた。これは不安発作あるいはパニック発作と考えられる。

その後、劇作家として著名になるに従い、ウィリアムズは飲酒量が増加するようになる。さらに、バルビツール系睡眠薬（セコナール）や他の薬物の乱用も行うようになった。

60年頃より、創作活動に衰えがみられ、アルコールに救いを求めるようになった。また、作品が劇評家により酷評されたことなどをきっかけとして、うつ状態が出現する。

アルコールの量はさらに増加し、被害妄想的、心気的となることが多くなった。この頃、ウィリアムズは数名の精神科医によって精神分析的治療を受けているが、あまり効果はなかった。彼の飲酒も薬物の乱用も、自己破壊的だった。時にはアンフェタミン（覚醒剤）を自ら注射することもあった。

彼は次第に不安・恐怖感が強い状態となって人を避け、自閉的となり、ニューヨーク、サンフランシスコ、ニューオリンズと転々と住居を変えた。この当時、彼は社会からも、他人からも、最も親しい友人にさえも裏切られると思い込んでいた。

69年には強い抑うつ気分、悲哀感を伴う錯乱状態となり、セントルイスにある精神病院（バーナクル病院）の閉鎖病棟に強制入院となった。数カ月の入院後に退院し、一時的には安定した状態がみられたが、抑うつ気分や不眠は散発した。

ウィリアムズのうつ状態は、劇作の出来・不出来や劇評家の批評に敏感に反応し、増悪した。さらに症状の形成には、アルコールやその他の薬物乱用が大きな影響を与えた。彼は自らの精神障害を「青い悪魔」と呼んだ。これを「皮膚の下に野良猫が何匹もいる感じだ」と説明している。

彼の回想録には、錯乱状態のため精神病院の閉鎖病棟に強制入院となった当時の状況が記されている。

「私の酒と私の眠り薬と私の注射薬の入ったショルダーバッグをにぎりしめると、それを力のかぎり必死に抱きしめながら、私は車椅子に皮帯でゆわえつけられ、〈クイーン病棟〉から狂暴患者用の〈フリギンズ病棟〉へまっしぐらに運び込まれた――そして、そこでバッグをひったくられて、その時点で意識を失った……」（テネシー・ウィリアムズ『テネシー・ウィリアムズ回想録』白水社）

幸いにも、精神病院に入院した後、彼の人生は比較的平穏なものとなった。抑うつ気分や不眠はときおり襲ってくることもあったが、アルコールや睡眠薬は自制が効くようになり、荒れ狂う感情によって身を引き裂くような思いをすることはなくなった。70年代以降の作品としては、『小舟注意報』『叫び』などの戯曲が知られている。

彼は天賦の才能のある作家であったが、転落するぎりぎりのところで人生を駆け抜けた人でもあった。命を落としかねないことも何度もあったにもかかわらず、かろうじてそれを切り抜けてきた。

このような状態を「うつ病」と一言でまとめてしまうのは適当とは言えないかもしれない。彼の作品の源泉は、彼の持つ精神の不安定さと、その不安定な精神とリアルな現実との激しい葛藤だったように思える。

伝説の女優ヴィヴィアン・リー

「世界一美しい女性」と呼ばれた英国の女優**ヴィヴィアン・リー**（1913〜1967）は、富裕な英国人夫婦の娘としてインドで生まれた。彼女は6歳の時英国に戻り、ロンドンの修道院付属の寄宿学校に入学している。

躾の厳しいこの学校で彼女は優等生であるとともに、周囲の生徒のあこがれの的だった。学校で、彼女はいつも忙しく動いていた。めったに5時間以上の睡眠をとることはなかった。起きている間はいつも何かしていて、無駄に時間を過ごすことはみられなかった。けれども彼女の気持ちは学校の世界だけに留まっていたわけではなく、うちに秘めた感情は、心の中に固くしまわれていた。

ヴィヴィアンは子供時代から俳優を志し、パリでコメディ・フランセーズの女優から演技を学んだ後、18歳の時に英国の王立演劇アカデミーに入学した。だが、両親はヴィヴィアンが芸能関係の道に進むことを望まなかった。

富裕な階層の出身である彼女は、規律に従い宗教的な規範を重んじる傾向を持っていたが、情熱的で自分の理想をどこまでも追い求める人であった。彼女は強靭な精神の持ち主であると同時に、社交的で誰からも慕われる性格という不思議な二面性を持っていた。

19歳のヴィヴィアンは、社交パーティで出会ったケンブリッジ大卒の弁護士の男性と結婚し、翌年には娘を出産している。ところが彼女はおとなしく家庭に収まることはできず、女優になる夢をあきらめきれなかった。1934年に、端役で映画デビューをしたことをきっかけに、その後は舞台や映画で活躍を開始する。

37年には英国の名優ローレンス・オリヴィエと激しい恋に落ちた。ヴィヴィアンもローレンスも既婚者だった。ヴィヴィアンはハリウッドに渡り、39年に『風と共に去りぬ』に主演した。この映画は絶大な支持を得て、アカデミー主演女優賞を獲得した。さらに40年には両者の離婚が成立し、ヴィヴィアンはオリヴィエと再婚することができた。思えば、この当時が彼女の絶頂期だった。

額に電気ショックの痕跡

ヴィヴィアンに精神的に不安定な状態が出現するようになったのは彼女が25歳の頃だったが、当初はそれが表面に出ることはなかった。それでも30歳頃より症状は悪化し、不安、焦燥が強くなり、感情面で不安定となり、攻撃的になって誰彼かまわず罵ったり、部屋をメチャメチャにしたりすることもあった。

一方でうつ状態になると、抑うつ気分や不安が強くなり、暗く沈みこんだ状態が持続した。しかし彼女は自らが「女優」であることを諦めようとはしなかった。

1945年、『シーザーとクレオパトラ』の撮影中にヴィヴィアンは妊娠していることが判明したが、流産してしまう。その後彼女のうつ状態がひどくなり、夫であるオリヴィエに当たり散らすこともあったが、逆に異常に活動的な状態になることもみられた。

当時の彼女は肺結核にも苦しんでいたが、51年、テネシー・ウィリアムズの作品である『欲望という名の電車』に出演して高い評価を受け、再びアカデミー賞の主演女優賞を受賞している。ウィリアムズはヴィヴィアンについて、彼女が「私が意図したあらゆるもの、そして私が夢にも思わなかった多くのもの」をもたらしてくれたと絶賛した。

精神的に不安定な状態においても、ヴィヴィアンは映画や舞台への出演をやめようとはしなかった。ところが40歳のとき、『巨象の道』をセイロンで撮影中、不眠が続いて錯乱状態になってしまい、映画を降板せざるをえなくなった。

この撮影の直前、ヴィヴィアンはセリフを思い出せなくなった。神経を落ち着かせようと酒を飲み、ヒステリックに泣き始めた。彼女はあえぎながら『欲望という名の電車』のセリフを叫び、床に崩れ落ちた。彼女は鎮静剤を打たれてロンドンまで搬送され、ある精神科の病院に入院したのだった。

45歳のとき、うつ状態で感情の起伏が激しく、攻撃的な言動が頻繁となった。このため2番目の夫であるオリヴィエと別居し、60年には離婚に至ってしまう。

50歳、ブロードウェイのミュージカル『トヴァリッチ』に出演し、トニー賞のミュージカル主演女優賞を受賞した。だが、うつ状態が悪化し、数カ月療養生活を送ることになった。その後彼女は亡くなるまで女優の仕事は続けたが、うつ状態は十分に回復することなく遷延していた。

ヴィヴィアンは睡眠薬の投与を継続的に受けていた。抗うつ薬を服用したこともあった。うつ状態が重症の時に電気ショック療法を受けながら舞台に立ったこともあった。額に電気ショックによる火傷の跡を残しながらも、演じ続けたことが知られている。

そして67年、彼女は肺結核の悪化のため、わずか53歳で亡くなった。オリヴィエとは長年の確執の末に離婚したが、それでも2人の親交が途絶えることはなかった。

彼女はおおらかな人柄で、安定した状態のときは、対人関係は良好で周囲から愛される人物であった。彼女の罹患した疾患は、うつ病と躁うつ病と両方の可能性がある。明らかな躁状態は確認できていないが、不機嫌で衝動性の高い時期は、躁状態であったのかもしれない。

おそらく本来のヴィヴィアンは、ADHDの特性に近い、大胆で気性の激しい性格であったように思える。この特性が、女優として大成したバックボーンとなった。一方で彼女は裕福な家族の一員であり、また淑女となるべき厳格な教育を受け、それによく従っていた。不安定な精神状態が続いたにもかかわらず、彼女がトップ女優の道を貫けた要因は、おそらくそこにあるのだろう。

漱石の幻聴と被害妄想

夏目漱石（1867〜1916）が、わが国が生んだ最高の文豪であることに異論を唱える人はいないだろう。

一方で彼はうつ病と考えられる精神疾患に罹患していた。しかし漱石の病像は典型的なうつ病のものではなく、その診断にはさまざまな見解が示されている。

漱石の症状で特徴的なのは、第一に「病相」があることである。彼には明らかに重い精神症状がみられる時期と、ほとんど完全に回復している時期が交互に訪れていた。

もう一点特徴的であるのは、精神症状が不安定な時期における漱石には、幻聴や被害妄想など、統合失調症に類似した症状がみられる点である。彼はしばしば自身が「探偵」に身辺を探られていると信じていた。

漱石の小説において「精神病」の症状を示す表現が多用されていることは、しばしば指摘されている。漱石自身の病状が悪化した時期において、作品の主人公にも精神病の症状がみられる傾向が強い。精神科医である高橋正雄の研究によれば、漱石の小説17編の中で13編において幻聴や被害妄想などの症状が描かれているという。

青年期より漱石には不可解な言動がしばしばみられた。彼は神田の眼科医院で偶然出会った女性と自分が結婚すると確信したが、女性の母が自分の一挙一動を探らせていると憤慨した。また留学先のロンドンでは引っ越しを繰り返し、家主から嫌がらせをされたと自室に引きこもった。

彼の小説の登場人物は、不特定多数の人物から後をつけられたり、監視されたりしていると感じることが多いが、これは漱石の被害妄想の反映であると考えられる。

1905（明治38）年から雑誌『ホトトギス』に連載された『吾輩は猫である』は、漱石の初期の代表作である。主人公の苦沙弥は偏屈で胃が悪くノイローゼ気味の教師で、漱石自身がモデルとなっている。苦沙弥が家にいると、誰の姿も見えないのに、笑い声や

「高慢ちきだ」などと彼の悪口が聞こえてくる描写がある。主人公に病識はないが、これは幻聴によるものと思われる。

松山中学に赴任していた時代を描いた『坊っちゃん』は、一本気な正義漢を主人公とした明るい青春小説とみなされることが多い。だがこの小説の中にも、幻聴や被害妄想を思わせる表現が散見される。

主人公の「坊っちゃん」は、温泉や団子屋での自分の行動がみなに知れわたっていることに驚き、生徒が自分を「探偵」していると怪しんだ。彼が学校で宿直していると、30～40人あまりが、2階が落っこちるほどどん、どんと拍子を取って床板を踏みならす音がした。

坊っちゃんは寝巻のまま宿直室を飛び出して2階に行ったが、不思議なことに急に静まり返り、声も足音もしなくなった。しばらくするとまた大勢の声と床板を踏みならす音がしたが、誰の姿も見あたらなかった。また坊っちゃんが教室に入って行くと、彼の行動を批判する声が聞こえることがあったが、だれが言ったのかはわからなかった。

実生活においても漱石には、幻聴や被害妄想の症状がみられていた。病的な症状が嵩じると、彼は家族や使用人にあたり散らし、時には暴力を振るうこともあった。彼は女中が変だと独りごとを言っていたかと思うと、急にその女中に向かって、そんなことは言うなと怒鳴りつけたりもした。このあたりは漱石の親族の記録に述べられている。

「どうも女中が変だとか何とかひとり語《ごと》を言っておりましたが、やがて女中に向かって、いきなり木に竹をついだように、そんなことは言わないでくれとこう申します。しかし女中はべつに何も言わないのですから、怪訝《けげん》な顔をして、何も申しませんでございますがと答えると、怖いいやな顔をして黙ってしまいます」（夏目鏡子『漱石の思い出』文春文庫）

このような精神的な症状がみられた漱石が、わが国随一の文豪とたたえられ、その作品が今日まで広く愛されていることは不思議であるとともに興味深い。

漱石の「病気」と彼の文学について、明確な関連性を指摘することは難しいが、彼自身が重い精神疾患を経験することで人間性のより深い部分まで見通すことができたのかもしれない。

芥川龍之介を苛んだ発狂の恐怖

芥川龍之介（1892〜1927）は1913（大正2）年に東京帝国大学英文科に入学し、小説家を志した。翌年、彼は処女作である『老年』を『新思潮』に発表している。芥川が自殺したのは昭和2年のことであり、彼は大正という時代を駆け抜けた作家といえる。

芥川は東大在学中の1915（大正4）年に『羅生門』を『帝国文学』に発表し、この直後から夏目漱石の門下生となっている。翌16年には、『新思潮』に『鼻』を発表し、漱石はこれを絶賛した。

不幸は予告なしに、芥川を襲った。彼が生まれてわずか7カ月後、母ふくが統合失調症を発症した。ふくの発病のため、幼い龍之介は母の実家の芥川家に引き取られた。後に芥川は次のように記している。

「僕の母は狂人だつた。僕は一度も僕の母に母らしい親しみを感じたことはない。僕の母は髪を櫛巻きにし、いつも芝の実家にたつた一人坐りながら、長煙管ですぱすぱ煙草を吸つてゐる。顔も小さければ体も小さい」（『点鬼簿』）

発症後、ふくは実家の2階に、死を迎えるまで閉居していた。ときどき思い出したように、キツネの絵を描くことが多かったというが、詳しい病状については公表されていない。

芥川は、ふくの兄である芥川道章夫婦とふくの姉のふきによって育てられた。芥川家は家族全員が文学や美術を好み、一家で芝居を見にいくことも多かった。養父となった道章は、南画、篆刻、俳句など多趣味の人であった。芥川は小学校の入学時より、英才教育を受けている。

芥川の精神的な変調がはっきりとみられたのは、21（大正10）年に中国旅行より帰国したころである。旅行中に肋膜炎となり、3週間ほど上海の病院に入院したが、帰国後も体調がすぐれない状態が続き、この年はほとんど作品を発表できなかった。

とくに不眠症は深刻で、睡眠薬が手放せなくなった。気分がすぐれず考えがまとまらないため、小説の筆が進まない。食欲がない上に、胃腸の不調など身体的な症状も頻繁に訴えた。これらの症状は今日の目でみれば、「うつ状態」あるいは「うつ病」と考えるのが適当である。当時はこうした状態を「神経衰弱」と称していた。

22（大正11）年に芥川は『芋粥』『将軍』など6冊の単行本を刊行しており、一見して執筆活動は順調であるように見えた。ところが実際は、「神経衰弱、胃痙攣、腸カタル、ピリン疹、心悸昂進などで小説どころではない」という状態であった。

その後、彼の健康状態は年を追うごとに悪化がみられた。とくに不眠症は重症であった。環境を変えればと、26（大正15）年には、湯河原や鵠沼海岸に滞在したが、好転はみられなかった。

歯車

1927（昭和2）年7月24日の未明、田端の自宅において、芥川は致死量の睡眠薬を服用して自殺を遂げた。

芥川龍之介の最晩年の作品である『歯車』には、芥川自身がモデルである主人公の小説家が、独特な鋭敏さで周囲の出来事を知覚している様子が描かれている。この作品には、全編不気味な雰囲気と死の香りが漂っている。

この小説の中では、滞在中のホテルから外出した主人公は、立ち並ぶ公園の樹木を見てそれが人間の魂であるように感じ、恐怖で戦慄してしまう。さらに主人公は自らの周囲で起こる事物について、不思議で気味悪い偶然が生じていると感じ取る。

彼は、理髪店の主人から「レエン・コオトを着た幽霊」のうわさ話を聞いたが、その後駅の待合室でレエン・コオトを着た男性と出会った。さらにレエン・コオトを着た男が主人公の前に現れて、間もなく立ち去った。

その晩、彼は姉の夫が自ら轢死したことを知る。その遺体にはレエン・コオトがかけられていた。

ニヤリと笑う白い犬

芥川には、晩年、幻覚症状が出現していた。『鵠沼雑記』には、松林の中の白い西洋館が歪んで見えたり、前を歩いていた白い犬が曲がり角で急に振り返ってニヤリと笑ったりするという記載がある。知人に宛てた手紙には、「死んだ母に出会った」という幻視と思われる出来事が述べられていた。

このように芥川自身にも、母と同じように統合失調症を示唆する精神症状がみられている。しかし、このような病的な症状は統合失調症以外にも説明が可能である。芥川が服用していた多量の睡眠薬の副作用によって、意識障害を生じ、幻覚や妄想の出現をみたとも考えられる。

統合失調症は、人格的な崩れが目立つようになり、次第に社会適応が不良になる場合が多い。だが芥川の場合、作品の発表はコンスタントに行っていたし、晩年まで講演会などもこなしていたことを考えると、統合失調症の可能性は小さい。芥川については、統合失調症のほかに、神経症圏の疾患とするもの、あるいは薬物の依存症状とする説もある。

けれども彼の経過を素直に見るならば、最もあてはまるのは「うつ病」であろう。これまでに記載したように、学生時代より芥川は寂りょう感、孤独感にとらわれやすい傾向がみられた。本格的にうつ病が発症するのは、前述の中国旅行からである。

芥川には主要な症状として、憂うつさ（抑うつ気分）と意欲の低下がみられ、これは現在の「うつ病」の診断規準に一致する。さらに睡眠障害、食欲不振、全身の倦怠感とさまざまな身体症状がみられる点についても、うつ病による症状と考えると納得できる。さらに希死念慮が持続してみられ、自死によって命を絶ったことも、うつ病という診断を支持している。

中島らもの躁うつとアルコール依存

中島らも（1952～2004）は、多彩な才能に愛された人物だった。コピーライターとして出発した彼は、小説家、エッセイストとして頭角を現すとともに、関西の小劇団「リリパットアーミー」の演出家兼役者としても、ミュージシャンとしても活躍した。

彼はその作品の中で、躁うつ病であることと、アルコール依存症であることを明らかにしている。小説『水に似た感情』においては、作者の分身というべき主人公のモンクが登場する。

作家兼ミュージシャンのモンクは、テレビのロケでバリ島を訪れた。バリ島に到着した夜、モンクは暗示的な夢を見た。夢の中で、遠くから老人の声が聞こえた。老人は「お前はいま〝六〟の僧侶だ。〝6〟は全てを内に包み込む数字だ。つつみこむから『つみ』、六は罪の数字だ」という。

さらに島の呪術師を訪ねたモンクは神秘的な体験をし、激しく高揚した気分となった。普段は無口でおとなしく、なかなか自分の意見を言わないモンクであったが、彼の様子が一変した。撮影の進行がおもわしくないと感じた彼は、深夜にもかかわらずスタッフ一同を集めて「地獄のミーティング」を開始した。ミーティングでモンクは一人でしゃべり続け、プロデューサーを厳しく批判した。

躁うつ病の躁状態では気分は高揚状態になり、絶え間なくしゃべり続けることが多い。意欲が亢進し、じっとしていることができなくなり、手当たり次第に何かをしようとする。しかし実際の行動は、まとまりを欠いてしまう。

朝、目覚めたモンクは不思議な気分を味わった。窓から見える山々の頂上が黄金色に輝いていた。それを見るとモンクは泣きたい気持ちでいっぱいになり、大粒の涙が後から後からとめどもなく伝い落ちた。このように感情の起伏が大きくなることも躁状態の特徴である。

さらにモンクは突然、攻撃的になった。彼は臨時雇いのオーストラリア人スタッフに罵声を浴びせた。

「うるせえ、このポン引き野郎。コカインで鼻の中が溶けかかってるくせに、いっちょ前の口をきくな」

情動の不安定さとともに攻撃性も躁状態ではよくみられる症状である。大量飲酒や異性関係など社会的な逸脱行為が多くなる。不必要なものや身分不相応に高価な品物を買い集めるような傾向が目立つこともある。

日本に帰国してからも、モンクはさまざまな暗示的な現象を体験した。身の回りが「三」の数字で満たされているように感じた。自室で黙想して目を開けると、目の前に奇妙なオブジェが立っていた。それは白と赤の丸い胴の上に赤い半球とノズルがついていた。モンクはそれを天からの授かりものと感じたが、後で単なる殺虫剤のスプレーであることがわかったのだった。

一方で、『心が雨漏りする日には』というエッセイには、自らが重いうつ状態に至った様子が描かれている。

「おれの頭の右と左にそれぞれ天使と悪魔が浮かんでいる。青い透き通った少女や小人と違って、この幻覚は直接おれの脳に働きかけてきた。

悪魔の方は、

『お前なんかいずれ才能も尽き果てて、何も書けなくなって、癌かなにかの病気になって苦しみながら死んでいくんだ。どうせそうなるんだから、今のうちに自分で死んでしまえ』

と囁《ささや》く。

天使の方はそれに反論する。

『何をバカなことを言っている。お前にはこれから書く作品もあるし、愛しい人たちもたくさんいる。死ぬなんてとんでもない』

おれに向かって天使と悪魔が、自分のアイデンティティを賭けて交互に囁き続けるのだ。

このせめぎあいが四十数時間も続いたろうか。おれはへとへとになってしまった」

彼は最後に飛び降り自殺を決意し、18階建てのマンションに向かおうとした。そのとき、偶然訪ねてきたマネージャーによって彼は自殺を思いとどまった。らもは精神科を受診し、うつ病の治療のために入院することとなった。

アンドレアセンが作家を対象にした研究で示したように、これまでの見解では、創造的な仕事と躁うつ病との関連が大きいことが指摘されている。うつ状態からの回復期、あるいは軽躁状態において、創造的な活動が活発になることは納得がいくものであり、中島らものケースはその典型例と言えるようだ。

もっとも、最近の研究では、躁うつ病とADHDは診断的な重なりが大きいことも示されている。中島らもの小児期にADHDの兆候があったかどうかは定かではないが、今後このような観点から天才たちの生育歴を検討していくことも重要であろう。

第五章
統合失調症の創造と破壊

夭折の天才詩人、中原中也

創造性と統合失調症の関係性

精神医学の歴史は、統合失調症とともに歩んできたといっても過言ではない。統合失調症の有病率は世界中どの地域においても約1％と高い頻度がみられるにもかかわらず、いまだにこの疾患の本態には謎が多く、根本的な治療法は見出せていない。

従来、天才あるいは創造性と最も関連する精神疾患として、統合失調症があげられてきた。実際、統合失調症の初期にみられる、周囲の世界に対する独特の「風変り」な認知の仕方は、芸術的な感性につながるものがあるようにも思える。

たとえば、初期の統合失調症では、「妄想気分」という症状がみられる。これは周囲の世界がどこか恐ろし気で、不気味な雰囲気が感じられる現象である。自分の周辺が何となく変わってしまったように思われ、起こる出来事が意味あり気で不安に感じられるというものである。このような症状が進展すると、世界がこのまま滅んでしまうと知覚されることもある。

かつてこのような現象は、「感性の鋭敏さ」であるとか、「世界に対する独特な認識」とみなされてきたこともあったし、芸術的な心性と相通じる部分もあるのかもしれない。

けれども一方で、統合失調症は慢性、進行性の疾患であり、次第に社会的な機能障害が進展する。慢性期には、日常生活や社会的な機能が低下し、いわゆる「欠陥状態」となることもある。このような状態では、創造的な作業は望めないことは明らかである。

したがって、統合失調症が芸術や科学における創造性と関連するのであれば、それは発症の直前の潜伏期か、発症間もない時期に限定されるだろう。このような発病前の状態を、最近では、「アットリスク精神状態」と呼んでいる。

アットリスク精神状態

アットリスク精神状態とは、一過性の精神病的な症状を経験していたり、精神病の家族歴があったりすることに加え、何らかの社会的機能の低下がみられる者において、将来の精神病（統合失調症）の発症のリスクが高いと予想される状態である。

この状態においては、不安、焦燥感が強くみられ、対人関係を上手に維持することができずに、自閉的で引きこもりに近い生活を送ることも多い。感覚が鋭敏になり、周囲の出来事を被害的にとらえやすくなる。

アットリスク精神状態は、前章で述べたテネシー・ウィリアムズの初期の代表作である『ガラスの動物園』の登場人物によく描かれている。この作品は、作者の自伝的な内容が濃いものである。孤独で内気な娘ローラは、「アットリスク精神状態」と言える状態だった。

戯曲の舞台は、セントルイスの下町である。過去の夢を追い、はかない夢を追い求めている母のアマンダ。彼女は、文学かぶれでまともに仕事に取り組まない息子のトム（主人公）が心配でならない。

トムの姉であるローラはハイスクールを中退してから、自宅で引き込もりに近い生活を続けていた。ビジネススクールに入学したことはあったが、不安が強くて課題がこなせないため、数日しか通学できなかった。彼女はタイプを打とうとすると手が震えて取り乱し、吐き気がすると言ってはトイレに担ぎこまれたのだった。

ローラの唯一の楽しみは、ガラス造りの小動物を集めることだった。物言わぬユニコーンや馬たちが、彼女の唯一の友人で心の支えであった。学校での失敗以来、ローラは家族以外とはほとんど交流することがなくなっていた。

ローラのモデルは、ウィリアムズの姉ローズである。ローズの経歴はローラに似ていて、18歳で短大を中退した後、自宅で自閉的な生活を送っていた。

ローズはビジネススクールでタイプライターや簿記を学んだことはあったが、ローラと同様、ものにはならなかった。彼女は20代に統合失調症を発症し、被害妄想や幻聴を伴う精神的な変調をきたして精神病院への入退院を繰り返した。

前述したように、ローズは長期入院の後、当時は一般的であったロボトミー手術を受けた。手術を受けた後、ローズは廃人同様の状態になったが、作家として成功したウィリアムズは生涯彼女を愛して支えたのだった。

ウィリアムズ自身も精神的に不安定になりやすく、精神病院への入院も経験している。ただし、彼はローズのような明確な「精神病」的な症状を示すことなく、不安定なうつ状態を繰り返した。このような精神状態が続いたウィリアムズは、生涯を通して、「アットリスク精神状態」にあったと言えるのかもしれない。

『バナナフィッシュにうってつけの日』

第三章で述べたように、サリンジャー『ライ麦畑でつかまえて』の小説の主人公のホールデン・コールフィールドは、ADHDの特性を持っていた。

一方、サリンジャーの別の作品には、精神病的な雰囲気が濃厚に感じられることが多い。短編集『ナイン・ストーリーズ』に収録された『バナナフィッシュにうってつけの日』には、この傾向が明瞭に認められる。この小説は、サリンジャーの登場人物の中でもホールデン・コールフィールドと並んで重要な位置を占めるシーモア・グラスが初めて登場した作品である。

サリンジャーは1950年代から60年代にかけて、『バナナフィッシュ』の主人公シーモア・グラスを中心にして、グラス家の物語をいくつか執筆した。いわゆる「グラス・サガ」である。

シーモアの両親であるレスとベシーは芸人の夫婦で、長男シーモアを筆頭に7人の子供をもうけた。次男バディは作家となり、五男ズーイと次女フラニーは俳優として活躍した。三男のウォルターは、太平洋戦争時に出征し日本で死亡している（『ナイン・ストーリーズ』所収の『コネティカットのひょこひょこおじさん』）。

シーモアは、『大工よ、屋根の梁を高く上げよ／シーモア―序章―』などの作品では、15歳でコロンビア大学に入学し18歳で博士号をとり、古今東西の哲学や宗教に通じた天才であると描かれている。

シーモアは妻の家族からは、気が狂っていると思われていた。妻の母親によればシーモアは、「潜在的同性愛者で精神分裂病患者」とみなされていた。実際、彼は軍の病院の精神科に入院していたという記載がある。ミュリエルとの結婚式のときもシーモアは、「あまりにも幸福なので結婚式にでられない」と言って、遁走してしまった。

シーモアは海辺で出会った少女シビルに、突然架空の魚バナナフィッシュの奇妙な話を始める。バナナフィッシュと呼ばれる魚は現実に存在しているが、シーモアの語るバナナフィッシュは実際の魚とはかけ離れていた。シーモアはバナナフィッシュについて次のように述べた。

「彼らはね、実に悲劇的な生活を送るんだ」

「あのね、バナナがどっさり入ってる穴の中に泳いで入って行くんだ。入るときにはごく普通の形をした魚なんだよ。ところが、いったん穴の中に入ると、豚みたいに行儀が悪くなる。ぼくの知ってるバナナフィッシュにはね、バナナの穴の中に入って、バナナを七十八本も平らげた奴《やつ》がいる」

「当然のことだが、そんなことをすると彼らは肥《ふと》っちまって、二度と穴の外へは出られなくなる。戸口につかえて通れないからね」（サリンジャー『ナイン・ストーリーズ』新潮文庫）

少女と別れホテルに帰り、シーモアはエレベーターで見知らぬ女性と乗り合わせるが、彼女に自分の足を見ていると理不尽な文句をつけて、突然怒り出した。そして彼は自分の部屋にもどると、寝ている妻ミュリエルの隣で、拳銃で頭を撃ち抜いて自殺したのだった。

このシーモアの自殺という結末は、意外でショッキングなものである。どうして彼は自殺しなければならなかったのか。その理由は小説の中にはまったく語られてはいないし、了解できる説明はない。

統合失調症との親和性

サリンジャーの研究家によれば、シーモアの自殺は、「戦争で心に深い傷を負った彼が、妻ミュリエルに代表される物質主義的な社会に絶望して死を選んだ」「真の芸術家たる賢者が自らの神聖なる人間的良心の目くるめく形象や色彩によって目がくらみ、死に至った」などと語られている。しかしこのような解釈は、納得のいくものではない。

むしろ精神医学的にみると、シーモアの奇妙な行動は理解しやすい。シーモアはミュリエルの家族が考えていたように、「気が狂って」いたのだ。彼が統合失調症かその関連疾患に罹患していたと考えれば、納得のいく点は多い。

シーモアの奇妙で、唐突な言動は、統合失調症の患者にみられる衒奇的な言動であるとの解釈が可能である。また見知らぬ女性に足を見られたと怒り出すシーンは、被害妄想の可能性が考えられる。

シーモアの語る内容は、奇妙で独特である。さらに彼の語り口は、脱線が多く話のつながりが不明瞭である。これらの点はシーモアが「思考障害」という統合失調症でしばしばみられる症状を呈していることを示している。これは「連合弛緩」と呼ばれるもので、話や文脈のまとまりがなくなり、重症になると内容がばらばらで何を言っているのかわからなくなる。言語が解体してしまうケースもある。

さらに言えば、サリンジャーがこのようなシーモアを理解と愛情をもって記述している点は、サリンジャー自身も統合失調症と親和性が強かったからかもしれない。

実際サリンジャーの現実の行動にも、シーモアと類似した奇妙さがしばしばみられた。たとえば彼は、短い期間で別れたフランス人の妻と「絆」が続いていることを数年たってからも主張した。

「たとえ何マイルも離れていても、我々は忘我の境地に陥って、出会い、会話を交わすことができる。つまり二人は同じ夢を見るのだ。テレパシーによって、結婚は今なお続いているんだよ」（イアン・ハミルトン『サリンジャーをつかまえて』文春文庫）

もしこれが彼の現実の体験を反映したものであるならば、サリンジャーには何らかの妄想的な症状が存在したことが推測される。

衝動性や短絡性、あるいは唐突な行動パターンは、他人との関係を拒絶し引きこもる自閉的な生活様式とともに、統合失調症の特徴であるが、サリンジャーにもこのような傾向は強い。次のエピソードはある編集者の妻の証言である（文中のジェリーとは、サリンジャーを示す）。

「我々は話をし、互いに相手が非常に気に入ったと私は思った。やがて別れを告げるときが来た。私はそのパーティに夫と友人夫妻と一緒に来ていたのである。私は二階のコート置き場へ上がっていった。そして自分のコートを見つけたちょうどそのとき、ジェリーがその部屋に入ってきた。彼は私のそばへ来て、一緒に逃げようと言った。私は答えた。『でも、私は妊娠してるのよ』。すると彼は言った。『かまうもんか。駆け落ちくらいできるさ』。彼は本気でそう言っているように見えた」（同前）

統合失調症とASDの類似性

これまで過去の著名人について、統合失調症に罹患していたと主張されてきた例は少なくない。たとえば、ASDの章でとりあげた論理学者ヴィトゲンシュタインがその代表的な例である。

確かにヴィトゲンシュタインは生来対人関係が苦手で、周囲と親しく交わることはほとんどなかった。彼は明らかな幻覚や妄想は認めないが、周囲に猜疑的になりやすく、その行動パターンは衝動的、短絡的なことが多くみられた。こうした彼の性質は、一見すると統合失調症の前駆期の特徴に一致しているようにも思える。

けれどもヴィトゲンシュタインの病状は「進行」することなく、同じような生活パターンを続けながら、天寿をまっとうしている。前述したように、彼がASDであることは間違いない。

つまりここで注意しなければならない点は、ASDと統合失調症の類似性である。AS

Dでみられる対人関係の希薄さ、コミュニケーションの稚拙さ、あるいはこだわりの強さなどの症状は、顕在的に発症していない、あるいは潜伏期の統合失調症に類似しており、ASDの概念が浸透していない過去の時代においては、ASDの当事者が統合失調症と診断されたことが多かったと考えられる。

実際、われわれもASDの当事者を対象として調査を行ったことがあるが、統合失調症の前駆期の評価スケールである「SPQ（Schizotypal Personality Questionnaire）」を施行したところ、ASD群においてはかなりの高得点を示した。

このように過去の文献では、ASDが統合失調症とみなされてきた可能性が大きいことを考慮すると、統合失調症と創造性の関連は、実際はごく限定的なのかもしれない。

天才数学者ナッシュ

米国の数学者ジョン・フォーブス・ナッシュ（1928〜2015）は微分幾何学におけるリーマン多様体の研究で大きな功績を残したが、ゲーム理論についても先駆的な業績を残し、経済学における「ナッシュ均衡」によって広く名が知られている。

1994年、ナッシュはゲーム理論の経済学への応用に関する貢献によって、ノーベル経済学賞を受賞した。映画『ビューティフル・マインド』は、天才数学者としての彼の偉業とともに、精神疾患に苦しんだナッシュの人生を描いたものである。

ナッシュは、米国ウェストバージニア州ブルーフィールドで生まれた。父は電気技術者、母は語学の教師をしていた。ナッシュは幼い頃から、変わり者だった。いつも孤立していて、独りでいることを好んだ。

彼は人付き合いをせず、いつも本ばかり読んでいた。学校では幼稚なふるまいを繰り返し、同級生とはよくトラブルを起こした。一人白昼夢にふけっていたかと思うと、いつもおとなしいわけではなく、周囲をそっちのけにしてべらべらとしゃべり続けた。クラスの討論会では、相手かまわず話しまくる独演会を演じることもあった。

ナッシュは実験が好きな子供だった。12歳の頃には、自分の部屋は実験室になっていた。ラジオを分解したり、電気器具をいじりまわしたり、ときには化学の実験も行った。

両親はナッシュを何とか人並に付き合いのよい人間にしようと努力したが、その試みは成功しなかった。ボーイスカウトのキャンプや日曜日の聖書学校に通わせたり、ダンス教室に参加させたりしたこともあったが、彼がなじむ場所はなかった。

ナッシュは両親の計らいには素直に従っていたが、彼の性質に変化はなかった。夏休みにある金属製品メーカーでアルバイトをしていたときには、自分の持ち場を勝手に何時間も離れて、手の込んだネズミ捕りを作っていた。

ダンス大会では、椅子をいくつか床に積み上げて、椅子を相手に踊っていたという。妹の手配で女の子とデートをしたこともあったが、すべて一回きりに終わっていた。このように変わり者であったため、学校時代のナッシュは頻繁にいじめられていた。

ナッシュは17歳でカーネギー工科大学に入学する。入学当初は化学を専攻していたが、際立った数学の才能を持っていることが明らかになり、専攻を数学に変更した。大学でもナッシュは付き合いにくい変人と思われ、よく皆の笑いものとなっていた。

その後、ナッシュはプリンストン大学の博士課程に進学した。プリンストンではゲーム理論に関する研究を行い、博士号を授与された。微分幾何学に関しても、多くの業績を上げている。

支離滅裂な妄想

ナッシュは生来の変わり者であったが、明らかに精神的な変調がみられたのは、30歳前後の時期である。その2年あまり前、彼はマサチューセッツ工科大学の学生であったアリシアと結婚している。彼女はエルサルバドルの名家出身の女性だった。

1958年の冬のある日、ナッシュは同僚と散歩をしていたとき、「世界の平和が脅かされている。世界政府の樹立が求められている。自分はきわめて重要な任務を任されている」と秘密めいた口調で打ち明けた。そのしばらく後、ナッシュは講義を他の研究者に任せて、突然大学から姿を消した。

2週間後に大学に戻ってきた彼は、「地球の外からの目に見えない力が、あるいは外国政府がタイムズを通して自分に連絡を取ってきた。メッセージは自分だけに向けられたものので、暗号になっているから解読には慎重を要する。解読のしかたも自分しか知らない。自分だけが世界の秘密に関与することを許されている」とつぶやいた。

その後のナッシュの言動は、さらに異常さが増していく。大学のキャンパスにいるとき、赤いネクタイをした男が自分に合図を送っていると彼は確信し、それは共産党の陰謀と関係していると思い込んだ。さらに同僚には、「みんながぼくの噂をしている。きみも聞いているだろう?」と述べた。

ナッシュはワシントンの各国大使館に対して手紙を書き、共産主義者が政府を設立しようとしていると訴えた。さらに自分は世界政府樹立のために努力している、国家元首にも会いたいとも述べた。このような精神状態にあったため、彼の学会における講演は支離滅裂なものとなってしまった。

59年、ナッシュはマクリーン病院に入院し、統合失調症と診断された。その後、ニュージャージー州立トレントン病院において入院生活を送り、投薬とインスリン・ショック療法を受けた。

63年に妻のアリシアと離婚したが、彼女はその後ナッシュを「同居人」として引き取って面倒をみるようになり、彼の闘病生活を支え続けた。

それから十数年が経過し、70年代から80年代にかけて、ナッシュの病状はゆっくりと回復していった。この頃のナッシュは、プリンストン大学数学科が入っているファインホールという建物のコンピューターの前に座るか、廊下を徘徊していることが多く、「ファインホールの幽霊」と呼ばれていた。

大学の中では、「あまり頭を使いすぎたり、人付き合いが悪かったりすると、ナッシュのようになりかねない」と噂されていた。だが、この「幽霊」は、学内のあちこちにメッセージを書き残していた。その内容は、幽霊の偉大さを感じさせ、彼が天才であるという言い伝えが、間違いではないことを示すものだった。

70年代以降の彼は、ほとんど服薬はしていなかった。ナッシュ自身は自らの変化について次のように述べている。

「わたしは少しずつ、妄想に縛られた一連の思考を理性的に拒否するようになった。その思考は、それまでわたしが、自分の態度を決定する際の基準としていたものだ」

90年代以降の彼はほぼ完全に回復し、交通事故で不慮の事故死を遂げるまで、世界各国で講演活動や研究者の指導にあたった。

ナッシュはASDだった可能性

これまでの見解では、ナッシュは典型的な統合失調症であると考えられてきた。確かに、急性期には明らかに「精神病」症状が存在し、幻聴や被害妄想を中心としたさまざまな妄想が出現していたことからは、統合失調症と考えられるのは確かである。

さらに彼の治療経過も長期にわたり、ようやく病状が安定したのは50代になってからであった。このような長い経過をたどることは、統合失調症としては一般的である。

しかし一方で、ナッシュの症状と経過は、統合失調症としては不可解な面もある。

第一に、ナッシュがほぼ完全に治癒した点である。統合失調症の治療においては、症状が改善した場合においても、「治癒」という言葉は使わずに、「寛解」と表現することが多い。これはこの疾患が慢性、進行性のもので、経過の中でいわゆる「人格水準の低下」が起こることが一般的であるからだ。統合失調症においては、発症前はかなりすぐれた能力を持っていた場合においても、寛解期においてはどこか鈍重な印象となり、病前の状態までは回復しないことがほとんどである。この点、ナッシュのケースは、例外的である。

以前より、統合失調症の病前性格としては、「シゾイド」と呼ばれるタイプがみられることが指摘されている。これは現在の診断基準では、シゾイドパーソナリティ障害に相当しているが、この診断基準（DSM-5）を左に示す。

第二に、ナッシュが示した症状は統合失調症によるものとは考えにくい部分もある。たとえば思春期におけるナッシュの状態は、この診断基準にある程度あてはまるようにも思える。ただし注意すべきなのは、統合失調症圏の疾患において、中心的な症状は、外部の世界に対する不安、恐怖感である。この不安感が昂じると先に述べた「妄想気分」が生じ、周囲に対して猜疑的になり、被害妄想がみられるようになる。

統合失調症患者の不安と恐怖は、対人的な活動にも影響を及ぼし、社会的な接触をできるだけ避けるようになりやすい。彼らは日常生活において寡黙で物静かにしているように

シゾイドパーソナリティ障害の診断基準（DSM–5）

A　社会的関係からの離脱、対人関係場面での情動表現の範囲の限定などの広範な様式で、成人期早期までに始まり、種々の状況で明らかになる。以下のうち4つ（またはそれ以上）によって示される。

1. 家族の一員であることを含めて、親密な関係をもちたいと思わない、またはそれを楽しいと感じない。
2. ほとんどいつも孤立した行動を選択する。
3. 他人と性体験をもつことに対する興味が、もしあったとしても、少ししかない。
4. 喜びを感じられるような活動が、もしあったとしても、少ししかない。
5. 第一度親族以外には、親しい友人または信頼できる友人がいない。
6. 他人の賞賛や批判に対して無関心に見える。
7. 情動的冷淡さ、離脱、または平板な感情状態を示す。

見えるときにも、内面的には強い緊張の中、不安がうずまいていることが多い。

ナッシュは確かに小児期から人付き合いが苦手で対人関係で苦労を重ねてきた。しかし、彼は対人的な場面を不安感から避けることはなく、むしろ自らの興味が持てる内容には積極的に関わることが多かった。つまりナッシュは対人関係に不安が強いのではなく、周囲の意向を気にしない、あるいは考えようとしない人物だったのである。

このナッシュの特徴は、統合失調症的なものではなく、むしろASDの特徴に一致している。さらに、好きな事柄へのこだわりの強さも、ASDの特徴として矛盾しない。

このように考えると、ナッシュの診断は統合失調症というよりも、ASDがベースに存在し、併存疾患として「精神病」の症状が出現したものと考えるのが、適切である。

そうであるならば、ナッシュの精神病が「治癒」したことも不思議ではない。というのは、ASDやADHDに精神病症状が併存する場合、多くが一過性の経過を示し、症状が長期にわたる場合でも人格水準の低下などの症状は認めないことが多いからである。つまりナッシュの「天才」は、ベースに存在していたASDとの関連が大きいように思える。

精神科医、石田昇

高名な精神医学者の中においても、統合失調症に罹患し不幸な事件を起こした人物が知られている。日本の精神医学の草分けで、長崎医学専門学校（現・長崎大学医学部）の精神病学科初代教授を務めた**石田昇**（1875〜1940）である。

石田家は代々仙台藩の藩医として令名の高かった名家だった。石田には男5人、女3人の同胞がいたが、いずれも秀才ぞろいで、大学教授、研究所長、東京地方裁判所の検事などの要職についている。

石田は仙台の第二高等学校在学時から、短歌や小説に熱中し、多くの作品を雄島濱太郎の筆名で投稿をしていた。その後、彼は1903（明治36）年、東京帝国大学医学部を卒業し、精神病学教室に入局した。石田が入局する2年前、わが国の精神医学の父と呼ばれる呉秀三がヨーロッパ留学から帰国し、東京帝国大学教授および巣鴨病院医長に就任した。巣鴨病院は後の松沢病院である。当時の東大精神病学教室は東大病院の中にはなく、巣鴨病院に置かれていた。

4年後、石田は新設された長崎医専の教授として赴任した。そのとき彼はまだ31歳であった。長崎時代、石田は県立長崎病院に精神科病棟を設立し、開放治療を始めたことでも知られている。また統合失調症患者に対する生理食塩水の静脈投与の治療効果について研究を行った。

この頃は有効な薬物療法もなく、統合失調症に対してはさまざまな治療が試みられていた。生理食塩水の投与もその一つで、体内のホメオスタシスを変化させることによって精神症状が改善することを期待したものである。

17（大正6）年12月、石田は留学のため、東洋汽船の春陽丸でサンフランシスコに向けて出発した。目的地はメリーランド州ボルチモアのジョンズ・ホプキンス大学だった。

いきなりピストルで射殺

事件が起きたのは、石田が43歳、留学して1年あまり経ったときのことだった。1918年12月、石田はボルチモア近郊にある研修中の病院において、35歳の医師ウォルフを、所持していたピストルで射殺した。

通常の朝のスタッフミーティングを終えて散会した直後、廊下に出たウォルフを後ろから来た石田がいきなりポケットからピストルを取り出して発射した。1発は頭部に、2発目は腹部に命中し、ウォルフは即死した。ピストルは事件の前日に購入したものだった。事件直前のミーティングにおいて、石田の様子は冷静で普段と変わりがなかったという。

この頃の石田には被害妄想的な幻聴が盛んにあった。彼は下宿を頻繁に変えていた。また病院の看護婦長に対して恋愛妄想を抱いたが、被害者のウォルフがこの恋愛の邪魔をしていると曲解し、殺害するまでに至ったらしい。

石田は犯行後ボルチモアの拘置所に送られた。裁判の結果、精神異常ではなく、責任能力はあると判断された。一審、二審の判決は死刑であったが、当時の代表的な精神医学者であったアドルフ・マイヤー博士の鑑定結果により終身刑に減刑された。

石田はメリーランド州立刑務所に送致され、そこで5年間服役したが、精神症状が悪化したため、州立精神病院に移送された。しかし病状が思わしくないため、日本に送還になった。

石田はバンクーバーから横浜丸で帰国し、帰国直後に松沢病院に入院となった。すでに51歳になっていた。石田は松沢病院に入院したが、精神障害は慢性的に進行し、深刻な人格荒廃にまで至った。末期には終日病室に臥床して過ごし、身なりにも構わずほとんど他の患者と交わることもなかった。そして最終的に、肺結核を悪化させ死亡した。

ある医師が石田に「精神分裂病の本質と分類」について質問したことがあった。石田は次のように答えたという。

「それはブロイラー君に聞いてみたまへ、あの人なら教えてくれます」「ブロイラー君の家は、あなたが毎日通る高い洋館の家ですから Was für eim……？　あなたの方がよく知ってゐるドイツ語で質問してごらんなさい。すぐ答を紙に書いて渡してくれます」（秋元波留夫『異常と正常』東京大学出版会）

石田における「傑出さ」は統合失調症とは関係なく、その発病前に存在していたものであり、統合失調症の経過の中で、その能力は衰えていったと考えるのが妥当である。

天才作家、島田清次郎

石田と時期を前後してもう一人、別の著名人が統合失調症のために精神病院に入院した。それは忘れられた天才作家、**島田清次郎**（1899〜1930）である。清次郎が20歳で執筆した小説『地上』はわが国初の大ベストセラー小説となったが、人気の絶頂期に起こした不祥事をきっかけとして、清次郎は出版界から追放された。

島田清次郎は石川県の生まれである。清次郎誕生の翌年に父が亡くなり、残された母子は金沢に移り、母の実家の父が経営する花街にある置屋に寄宿することになった。

清次郎は幼少の頃から秀才の誉れが高かった。しかし祖父が米相場に失敗してから、次第に生活が逼迫する。彼は中学を退学し商業学校に入学したが、ひたすら文学書や哲学書に親しむ生活を送った。結局実学を嫌った清次郎は1年で商業学校を退学する。その後株取引所、洋品店の店員、新聞社の発送係などをしながら創作に打ち込んだが、彼の作品を評価するものはなかなか現れなかった。

1919（大正8）年、評論家生田長江《いくたちょうこう》が彼の小説『地上』を高く評価し、これを新潮社に推薦してくれた。これが大きな転機となった。同年6月『地上』第一部が出版されると、堺利彦、徳富蘇峰らにより絶賛され、爆発的な売れ行きを示した。

彼はその後も『地上』の続編を書くなど、精力的に執筆を続けた。しかし次第に作品内容が低下するとともに、傲慢な態度が目立つようになり、文壇の中からは彼を非難する声が高まってきた。

清次郎の凋落を決定的にしたのは、23年の舟木海軍少将令嬢誘拐事件であった。清次郎は婦女誘拐、監禁陵辱、強盗の疑いで告訴された。当初、清次郎はマスコミに激しく非難されたが、その後女性が『地上』の熱心な読者で清次郎と交際していたことが明らかになると、告訴は取り下げられた。しかしこれ以後、清次郎のもとに執筆の依頼が来ることはなかった。

新潮社に持ち込んだ『地上』第五部も出版を拒否された。事件を契機にして、清次郎は社会的に葬られた。この時点で彼に統合失調症が発症していたかどうかははっきりしない。しかし事件のストレスやその後の厳しい状況が、病気を急速に進行させた可能性は否定できない。

清次郎はその後、他の出版社を訪ねて原稿を売り込んだり、前借を申し込んだりして歩いた。しかし彼を相手にする社はなかった。ほとんど無一文となった彼は知人の家を回り、金を無心したり、泊めてもらったりした。

24年7月、清次郎は血まみれの姿で池袋を徘徊していたところを挙動不審ということで、警察に逮捕された。言動が病的であったため精神鑑定の結果、早発性痴呆（統合失調症）と診断され、巣鴨にあった保養院という精神病院に入院となった。

誇大妄想、被害妄想

清次郎が精神病院に収容されたとき、同時代の知識人たちの見方は辛辣だった。確かに清次郎の傲慢な発言と態度は、世間の顰蹙を大いに買ったことは明らかである。一方で彼は、少年時代から自分を天才であると確信していた。自らのノートに次のようなことを述べている。

「清次郎よ、汝は帝王者である。全世界は汝の前に慴伏《しょうふく》するであろう！」
「人類の征服者、島田清次郎を見よ！」

彼はこのようなことを本気で信じていた。『地上』を出版後、清次郎の不遜な態度はさらに昂じた。彼は自ら「精神界の帝王」「人類の征服者」とまで豪語した。『地上』が好調な売れ行きを示していた頃、清次郎が出版元の新潮社を訪ね、社長の佐藤義亮に向かって、次のような趣旨の話をした。

「自分の小説が売れているのは政友会で買い占めをやっているのであろう。現代日本の人気者といえば、政友会出身の内相、原敬であるが、今や新しく小説家島田清次郎も人気を得ている。これが気に入らず、政友会は、島田清次郎を民衆に読ませないために、ひそかに『地上』の買い占めをやっているに相違ない」

清次郎がこのように発言したのは、すでに誇大妄想や被害妄想などの病的な心理が大きくなっていたからかもしれない。

1922（大正11）年に結婚した妻・豊子への態度も病的なものがあった。結婚後は妻を側から離そうとせず、髪結いに行っても、時間がかかり過ぎると自分で迎えに行った。

御用聞きや商店の小僧と話すと、馴れなれしすぎると怒った。些細なことで暴力を振るい、短刀で脅迫した。おそらくこの当時、すでに断続的に被害妄想が生じていたと考えられる。

精神病院に入院した後、清次郎はほとんど誰とも口を利かず、部屋の隅で座っていたという。時々急に意味不明のことをわめき散らしたり、自分の着物や帯を引き裂いたりした。大小便も垂れ流しで、臭気は耐えがたかった。

入院して6年後、肺結核の悪化のため清次郎は死亡した。わずか31年の生涯だった。

清次郎の診断については、異論も述べられている。これに対して当時の資料を詳細に検討した精神科医の風野春樹は、入院中の清次郎が「内縁の妻とその兄が自分を暗殺して家を乗っ取ろうとしている。看護人が妻の兄の変装である、催眠術をかけて殺そうとする」などと記していることをあげ、彼が統合失調症を発症したことは間違いないと述べている。

清次郎は小説家としてすぐれた才能を示したが、それは統合失調症を発症する以前のことであり、この疾患の症状がはっきり表れた時期以降は、創作意欲は衰えて目立った作品は執筆されていない。つまり清次郎においては、統合失調症の発症は、明らかに創造を妨げるものとして働いたのである。

夭折の詩人、中原中也

1923（大正12）年、のちに日本を代表する詩人となる16歳の**中原中也**（1907〜1937）は、京都の立命館中学3年に在学中だった。地元の山口中学では成績不良で進級できなかったため、ここに一人転校してきたのである。

中也は山口県吉敷郡山口町で生まれた。中也には4人の弟がいた。父である謙助は陸軍の軍医で、当時は中国の旅順で勤務していた。家族は謙助の転勤に伴って、山口、広島、金沢と移っている。

中也が7歳のとき、謙助が朝鮮のソウルの軍医長となったため、家族は山口に戻った。この年に中也は、尋常高等小学校に入学している。成績は抜群だった。父は15年に日本に戻り、親類の中原政熊から中原医院を引き継いだ。

20年、中也は13歳で山口中学に入学した。入学時の成績は優秀であったが、次第に文学にひたり学業がおろそかになった。中也は中学入学以前から、地方新聞などに短歌の投稿を行っていた。13歳の頃には、『婦人画報』「防長新聞」に、中也の短歌が入選している。

京都にやってきた中也は、ますます自由に振る舞った。頻繁にカフェに出入りをし、日中から年長の友人と酒を飲むこともよくあった。ある日、新劇の劇団である「表現座」の稽古場で、19歳の長谷川泰子と出会った。このときはまだ無名の女優であった泰子は、「グレタ・ガルボに似た女」と呼ばれ、中也の「運命の女性」となった。

2人は意気投合し、出会った翌年の4月に上京区大将軍西町で同棲を始めた。この頃の中也はダダイズム風の詩をさかんに書いていた。また、詩人である富永太郎と親交を結んだのも同じ時期である。

25年、立命館中学を卒業した中也は、泰子とともに上京した。2人は早稲田鶴巻町、次いで戸塚町に下宿している。中也は予備校に通うといって実家から生活費を送ってもらっていたが、実際にはほとんど勉強はしていなかった。

中也はこの年の4月に、富永太郎の紹介で小林秀雄と知り合った。さらに小林の縁で、多くの文学者と親交を結ぶようになった。後に日本を代表する評論家となる小林だが、当時は東京帝国大学仏文科に在学中だった。

中也が上京してわずか8カ月後、彼と同棲していた泰子が中也を捨てて、小林の下に走った。後に小林は、「中原と会つて間もなく、私は彼の情人に惚れ、三人の協力の下に(人間は憎み合ふ事によつても協力する)、奇怪な三角関係が出来上り、やがて彼女と私は同棲した」と語っている。泰子に去られたことは、中也にとって大変な打撃で、彼は泰子の気持ちが自分に戻ることを願い続けた。

中也は、傷心のままあてもなく町をさまよった。一日中彼は歩き続け、下宿は帰って寝るだけの場所となった。翌26年、中也はいくつかの大学を受験し、唯一合格した日本大学予科に入学した。その後、小林と別れた泰子は中也とよりを戻したが、彼女は中也を愛することはなかった。

中也の幻覚と被害妄想

中也は日本大学予科にはほとんど通学せず、わずか半年で退学してしまう。しかし、辻潤、高橋新吉と知り合い、さらに音楽家・諸井三郎とも親交を結んだ。また、同人雑誌『白痴群』をともに編集した安原喜弘と知り合った。

中也は仲間とよく酒を飲んだ。酒を飲むと芸術や詩の議論となり、それは実際の喧嘩となることもよくあった。中也は相手が大男であろうと、やくざ者であろうと、見境なくからんだ。この頃、中也は長崎町、高井戸町など住居を頻繁に変わっている。彼は、夕方から深夜にかけて町を徘徊しては、知人の家を突然訪問することを繰り返していた。

1931（昭和6）年4月、中也は東京外国語学校フランス語専修科に入学している。

翌32年には、詩集『山羊の歌』の出版をめざしたが、なかなか刊行にいたらなかった。

同年秋、中也に明らかな精神変調が出現した。

自らの詩集『山羊の歌』の出版に奔走したにもかかわらず、遅々として進まず、彼は疲弊の極みにあった。中也の心に、強い恐怖と不安感が押し寄せてきた。彼の周囲のすべてのもの、家も木も、瞬く星も、親しい友人も、彼に対して敵意を持って囁き始めた。風も小鳥も、声無き恐怖の声を上げているように思えた。また「友人たちが出版を妨害している」という被害妄想も出現した。

中也は、世界がそのまま崩れ落ちていくような恐怖を感じた。取り乱した心のまま中也は町を徘徊し、彼の感じる架空の「敵」と衝突を繰り返した。

年が明け33年、中也の精神は落ち着きを取り戻した。その年の3月、中也は東京外国語学校専修科を卒業している。また以前とは人が変わったように、若い文学青年たちとも、親しく付き合うことが多くなった。

同年12月に、中也は遠縁にあたる上野孝子と結婚し、四谷区花園町に新居を構えた。同じアパートには青山二郎が住んでいた。小林秀雄との交流もこの頃に復活している。34年12月にはようやく『山羊の歌』が出版になったが、文壇では、ほとんど話題にならなかった。

この時期、中也は就職することを試みた。知人の紹介によってＮＨＫへの就職が決まりかけたが、「毎日出かけるのはいやだな」と言いだして、就職はしなかった。

この年の10月に長男・文也が生まれ、中也は溺愛した。35年、小林秀雄が『文學界』の編集責任者となり、以後中也の作品が同誌を中心に発表されることとなり、彼の作品は、次第に広く知られるようになった。

しかし、一見安定しているように見えた時期においても、中也の精神には漠然とした猜疑的、被害妄想的な考えは持続して出現していた。たとえば中也は、同人誌の仲間である安原の妹に対して「とんでもない考へ」を抱いていると安原から疑われていたと確信していた。しかし実際は、中也は安原の妹と面識はなく、安原自身にもまったく身に覚えのないことだった。

36年11月、長男が小児結核により急死したことをきっかけとして、中也は再び幻覚妄想状態となった。「巡査の足音が聞こえる」「近所の人の悪口が聞こえる」など幻聴がさかんにみられた。37年1月、家族に連れられて中也は、千葉市にあった精神病院、中村古峡療養所（現・中村古峡記念病院）に入院した。中也は同年2月に精神科を退院したが、これは自ら病院を逃げ出してきたのだった。退院後も、「散歩をしていると、巡査があとをつけてくる」などといった被害妄想が続いていた。

その後、中也の一家は鎌倉扇ヶ谷の寿福寺境内の借家に転居した。ここが彼にとって、最後の住まいとなった。中也は心身とも疲労している中で、同年9月には、『ランボオ詩集』を刊行、さらに第二詩集である『在りし日の歌』のために原稿の編集を行った。

10月上旬には、発熱、頭痛、視力障害に加えて、歩行障害などの神経症状が認められた。このため、10月6日に中也は鎌倉駅近くの鎌倉養生院（現・清川病院）に入院したが、意識の混濁が続き、10月22日に永眠した。診断は結核性脳膜炎とされている。

中也にみられる統合失調症の可能性

中也の病像は急性の幻覚妄想状態である。いったん改善がみられているが、数年後に再発した。このような精神症状がみられる疾患として、2つの可能性があげられる。

第一に考えられるのが、統合失調症である。統合失調症は幻覚や妄想を主な症状とし、次第に病状が進行していくことが一般的な特徴である。第二の可能性として、なんらかの脳の器質的な疾患があげられる。中枢神経系の感染症や腫瘍、あるいは血管障害などが原因でもこのような症状を示すことがある。

中也が統合失調症であったことを、積極的に否定できる証拠はない。もっとも、病的な精神症状が比較的短期間で改善し、慢性化していない点は、統合失調症としては比較的まれである。

中也の死因は結核性脳膜炎とされているが、これについて検討してみたい。この当時、結核は頻度の高い疾患であった。中也の長男、弟の恰三《こうぞう》の死因も結核であるとされている。さらに中也の死後まもなく、幼い次男の愛雅も結核性脳膜炎で死去している。

ゆえに中也も結核だった可能性は高い。しかし、それでも結核という診断に疑問が残るのは、中也には、咳や発熱などの結核特有の呼吸器を中心とした症状がはっきりしない点である。

1937（昭和12）年10月に往診した眼科医は、中也の眼症状について「うっ血乳頭」の所見を見出したという。これによって、入院先の担当医は「脳腫瘍」の診断を下した。

脳腫瘍などになると、重症例では意識の障害がみられることがあり、これは中也の症状に一致している。もっとも結核においても脳内の腫瘤（結核腫）を形成する場合があり、結核という診断と必ずしも矛盾はしない。

中也の死因と「精神病」のエピソードとの関連はどのように考えたらよいのだろうか。中也の精神病の発症は32年で、死亡した37年からさかのぼること5年になる。この時間的な経過を考えると、32年の時点ですでに脳に結核性の病変や脳腫瘍がみられ、これが精神病を引き起こした可能性はごく小さい。

むしろ精神病の症状と死に至った原因疾患とされる「結核」は、別の病気であったと考えたほうが妥当であると思われる。

中也においては、元来の文学的に豊かな才能を持っていたことは明らかであるが、統合失調症の経過と創作活動を行っていた時期が一致していることを考えると、統合失調症のプロセスが彼の詩作にかなりの影響を与えていることは確かなようである。

第六章
誰が才能を殺すのか？

薬物中毒からのカムバックを果たした天才ギタリスト、エリック・クラプトン

創造性を抹殺する社会

本書で繰り返し述べてきたように、創造には「独創性」が必要である。未知の新事実を解明することや、物事に対する新しい視点を得ることは、芸術の分野においても、自然科学の分野においても、さらにはビジネスにおいても重要である。

一方、創造性には現実的な「汎用性」も重要な要素である。いくら独創的な仕事や作品であったとしても、それが社会に恩恵をもたらしたり、人の心に強烈なインパクトを与えたりするものでないなら、十分な価値があるとは認められないし、忘れ去られてしまう。つまり、創造は一般の人々に受け入れられるものでなければならない。

逆に言えば、創造性が社会によって抹殺されることも起こりうるし、実際そうした事態は稀ではない。「天才」の創造物が一般社会から受け入れられず、長い年月が経過してから日の目を見ることは珍しくない。今でこそ巨匠として称えられているゴッホにしても、生前に売れた絵はごくわずかで、評価が上昇したのは死後10年以上経ってからだった。

天才は一般社会において、「異物」と認識されやすい。なぜなら、彼らの言動は「常識」からかけ離れているため、「普通」の人々にとっては理解の及ばない危険なものに映るからである。

この点について、ビジネスシーンで多くの発言をしている北野唯我は、会社に所属する人を天才、秀才、凡人の3群に分類し、次のように説明している。

「ええか、組織には天才が率いる時代がある。だども、その時代が終われば、次は秀才が率いる時代がくる。そのとき、組織は凡人が天才を管理する時代に突入する。そして、天才は死んで『イノベーション』を起こせなくなる」

「より具体的に言うと、天才は『世界を良くするという意味で、創造的か』で評価をとる。一方で、凡人は『その人や考えに、共感できるか』で評価をとる。つまり、天才と凡人は『軸』が根本的に異なるんや」

「革新的なサービスが一番最初に生まれたときは、常に『凡人によって殺されそう』になることがほとんどや。当たり前やな、凡人は成果を出す前の天才を理解できないから」（北野唯我『天才を殺す凡人』日本経済新聞出版社）

このような指摘はビジネスの世界だけでなく、芸術や自然科学の分野においても当てはまる。本章においては、才能のある個人、あるいは突出した特徴を持つ人物に対する日本社会の「態度」について、いくつかの側面をとりあげて考えてみたい。

同質性を求める傾向の大きい日本社会は、平均から外れた個人に対して不寛容となることが多い。これは傑出した才能には、必ずしも生きやすい環境とは言えないように思える。

この点について、まずは子供が置かれた状況を、発達障害との関連の中で検討したい。

自尊感情が低い日本の子供

日本社会における子供の教育の問題は、深刻さを増している。学校という小さな閉鎖社会の許容度は、ますます狭いものとなっているからだ。これは発達障害の特性を持つ子供において、とくに顕著である。

安定した対人関係が持てない子供や、突飛な行動を繰り返す子供は、「変わった子」とレッテルを貼られ、教師からも周囲からも排除の対象となりやすい。このため発達障害の特性を持つ子供は、優秀な能力を持っていても、いじめの被害者となりやすく不登校の比率が高い。その結果として彼らは自己肯定感が低くなり、さらにその後の不適応につながりやすいのである。

もっとも発達障害の子供においても、周囲がその特性を理解してその長所を認めてあげれば、自己肯定感を持つことは可能である。だが多くの発達障害の児童は、その特性を家族や教師などの周囲に理解されることがない。そして彼らの示す問題行動のために、周囲から繰り返し叱責されやすい。

たとえ第一章で示した「トットちゃん」のように、傑出した個性を持っていたとしても、アンバランスさが目立つ子供は、集団から排除されて「ハブ」られ、いじめの対象となりやすい。

彼らはもともと周囲から孤立しやすいことに加えて、親や教師からの叱責や注意が頻繁になされることによって、自己肯定感が低くなってしまう。それを撥ね返せる子供はわずかであり、結果として、思春期になると「自分は生きている価値がない」「ダメな人間」などの自己否定的な発言を繰り返すことが起こりやすい。

子供の自尊感情については、小児科医である古荘純一（青山学院大学教育人間科学部教授）らによって詳細に検討されている。彼らは小児版のＱＯＬ（生活の質）尺度を用いて、子供の自尊感情を検討した。その結果、諸外国と比較して、日本の子供の自尊感情が低いことを指摘している。

発達障害と自尊感情の関連は必ずしも一様ではないが、元来低い自尊感情が、発達障害の特性による躓《つまず》きのためにさらに低下しているケースはよくみかける。このような自尊感情の低さが、その後の不登校やひきこもりにつながりやすい。

統計でわかった「自信のない日本の子供たち」

これまでの様々な調査においても、日本の若年層は将来に対して希望を持てず、自分に対しても国の未来についても悲観的で、時間に追われ体調もよくない毎日を過ごしている傾向が大きいことが指摘されている。このような日本の若者の心性は、国際的な比較によってより明確になっている。

少し以前のデータになるが、国連児童基金（ユニセフ）は、２００７年に先進国に住む子供たちの「幸福度」に関する調査報告を発表した。この調査は経済協力開発機構（ＯＥＣＤ）に加盟している先進国の10代の子供を対象としたものである（注・13年においても類似した調査が行われているが、内容が異なるためここでは触れない）。

調査内容は、「物質的な幸福度」「健康と安全」「教育の豊かさ」「家族と友人関係」「行動」「主観的な幸福度」の6つの大項目に分かれており、それぞれいくつかの下位項目について質問を行っている。すべての項目の平均点を指標とすると、最も幸福度が高い国はオランダで、これに続くのはスウェーデン、デンマーク、フィンランド、スペインとなっている。日本はデータ不足のため、全体のランキングは示されていない。

子供の「主観的な幸福度」をまとめた項目においては、「孤独を感じる」と答えた日本の15歳の割合は29・8％と、対象国の中では第1位で、ずば抜けて高かった。日本に続くのはアイスランド（10・3％）とポーランド（8・4％）だった。最も低いのはオランダの2・9％だった。また「自分がぎこちなく場にそぐわない」と答えた子供も、日本が18・1％で最も高率だった。さらに「単純労働を希望している」15歳の比率は、50・3％とこれも最も高率であった。

以上の結果は、日本の子供たちは自分の能力に自信がなく、職業に希望を持てない状態であることを示しているが、このような状況を変えることはできるのだろうか。

いじめと不登校の裏にある「発達障害」

日本の学校教育におけるいじめの問題は新しいものではなく、長く議論が行われている課題である。文部科学省などの行政当局や各地域における教育現場も様々な対策をとっているが、いじめの件数は一向に減少せず、最近でも深刻な被害が報道されている。前述したように、発達障害の子供はいじめの被害者になりやすいが、ＡＤＨＤについては加害者となるケースもある。

行政当局もこの問題を放置しているわけではない。文部科学省は２０１２年８月にいじめの問題に関する緊急調査を行い、アクションプランを作成した。その中で「子ども安全対策支援室」「いじめ問題アドバイザー」などの制度を開設し、総合的、緊急的な対応が可能なシステムの構築を試みている。

もっとも、このようなプランに基づいて実践が行われている地域もあるが、十分に浸透しているとは言い難い。実際に起きているいじめの件数を見れば、実効性が不十分であることは明らかである。

いじめが顕著になってくるのは、小学校の中学年以降であることが多い。この時期から、子供たちは「本音と建前」を使い分けるようになってくる。一方、ＡＳＤなど発達障害を持つ子供は、思春期になってもこの使い分けが不得手であり、言葉を言葉どおりに受け取ってしまう傾向が大きい。このような傾向はＡＳＤにおいて強くみられるが、ＡＤＨＤでもコミュニケーションが一方的になることは珍しくない。

このため発達障害を持つ子供は、他の子供とのコミュニケーションにうまく入り込むことが困難となりやすい。ＡＳＤはそもそも非言語的な情報のキャッチボールが苦手だが、ＡＤＨＤも他者の心情を推し量ろうとしないことが多いため、彼らは子供の集団の中で浮いた存在となり、いじめの被害に遭いやすくなる。

いじめとともに不登校も学校教育における緊急の課題である。不登校に関連する要因は一様ではないが、年齢的には、中学生になると小学生の約7倍も不登校率が上昇することが指摘されている。

不登校の子供を取り巻く因子として、思春期の成長に伴う身体的な症状、生活リズムの障害、発達障害との関連、学校や家庭などの環境的な問題、その他の精神疾患などが指摘されている。このうち、発達障害の関連はとくに重要である。

ＡＳＤにおいては、思春期において対人関係、社会性の障害がより顕著になることが不登校の要因になりやすい。またＡＤＨＤにおいては生活リズムの障害が起こりやすいことに加えて、衝動的な問題行動などで周囲から孤立し、不登校となることもみられる。これまでの研究では、不登校児における発達障害の頻度は明らかに高率である。

学校教育に対する処方箋

このような現状に対する処方箋は、じつは明らかであり、実行可能なものが存在する。これには前述のユネスコの調査で、最も子供たちの幸福度が高いオランダの状況が参考になる。

オランダは移民の受け入れに積極的な多民族社会である。とくに都市部ではこの傾向が大きい。有色人種の移民が多く、ハーグなどの都市部においては黒人街も存在する。したがって、子供たちにおいても、非白人、非キリスト教徒が増加しており、言語の壁も低いものではない。

そうした中で、オランダの教育の特徴として挙げられるのは、各学校の自由裁量権が高く認められている点である。

たとえば、教科書検定制度がない。何を教材に用いるかは、学校に任されている。さらに重要なのは、クラスが少人数であることに加えて、一斉授業の数が少ないことだ。個別の課題に基づいた自立学習と小グループの共同学習が大きな部分を占めている。

こうした個性、自主性の尊重を基本とする教育制度の下、オランダの子供たちはクラスメートを競争相手ではなく「共同の仲間」として受け入れられるようになっている。

画一性や同調性を求める管理的な日本の学校との違いには歴然としたものがある。日本の学校における問題を解決していくには、教育制度そのものを変えていく必要があるが、少なくとも初等教育における少人数化と個別指導は迅速に行うべきである。これがいじめや不登校への処方箋となることは明らかである。

日本社会は、同一性への志向が強く、型からはみ出したものを認めない傾向が大きい。教育の現場も同様で、子供たちに画一的な内容を教え込もうという傾向が大きく、個別的な対応をしようとしても、現状では教師の負担が大き過ぎる。

明治維新後の富国強兵政策の時代、あるいは戦後の高度経済成長の時代において、現行の教育システムが有効に機能したことは事実である。しかし、明らかに状況は大きく変化している。社会性や対人関係が不得手であっても優秀な能力を持つ個人を尊重し、その特長を伸ばすためには、個別の対応が必要である。実際、イスラエルや米国などでは、このような方針がすでに実践されているが、これについては後に紹介する。

不寛容をまねく「多様性のなさ」

周囲の多くの人々とは異なった個性を持つ人が排斥されやすい状況は、大人の世界においても同様である。以前より、日本人は「よそ者」に対して厳しく、個人の自由な行動を批判する傾向が強かった。21世紀になった現在でも、以前にも増して、突出した個人に対するバッシングが続いている。

今日一般的な用語になった「バッシング」という言葉は、いつ頃から使われているのだろうか。１９８０年代、貿易不均衡を背景とする米国の日本批判は「ジャパン・バッシング」と呼ばれていたが、現在のような意味では使われていなかった。

現在につながる「事件」として思い起こされるのは、２００４年4月に起きたイラクにおける日本人3名の人質事件である。政府や一部のマスコミは、渡航が制限されたイラクで人質となった3人に対して、「自己責任」を唱えて厳しく批判した。だが、逆に海外のメディアや政治家からは彼らを擁護する発言が目立った。

その後、ＳＮＳの発達にともない、著名人が問題発言をしたり、法に触れる些細な行為をしただけで、一般国民もマスコミも猛烈に「炎上」することが一般化した。女性歌手のラジオにおけるトークや、若手女優のふて腐れた態度、あるいは横綱の不品行や政治家の傲慢な発言に、人々は本気で怒っているようだ。ネットにおけるバッシングは明らかに行き過ぎのことも多く、時には「被害者」を自殺に追い込むことも起きている。

このような日本社会の不寛容さは、どこに由来するのだろうか。その大きな要因として考えられるのが、多様性のなさである。日本の長い歴史の中で、他民族の大量流入や長期の占領といった事態が生じたことはなく、比較的一元的な価値観が形成されてきた。

したがって21世紀の現在においても、日本人の考え方や価値観は均質的であり、理想とされるライフコースも画一的だ。このため暗黙のうちに、学校でも社会でも、その同質的な価値観を押し付ける傾向が大きいのである。

この結果、「日本人的」な生き方から外れた個人、常識的でない言動をとる人物は、たとえ優れた能力を持っていたとしても、非難や排斥の対象となりやすい。これには、集団のはぐれ者に矢を向けるという側面に加えて、特別な能力を持つ個人に対する「嫉妬心」も含まれているのかもしれない。

もちろん日本においても、傑出した人物が一時的にある種の「ヒーロー」としてもてはやされることはある。しかし日本社会は、アウトロー的な人物が長期にわたって「大きな顔」をすることを好まない。彼らの多くは、必ずと言っていいほど、ある時点で「常識的」な人々によって足を引っ張られて排除される。このような現象は、小さな団体や会社においても同じように存在する。

したがって才能を持つ個人は、日本社会において十分に用心する必要がある。いっとき彼の能力は称賛されるかもしれないが、どこかで必ず落とし穴が待ち受けているからだ。天才は、社会によって殺されるのである。

もう一つ、日本社会の欠点は、再チャレンジが困難なことだ。いったんコースから脱落した人物がカムバックすることは、ほぼ不可能なことが多い。一度でも過ちを起こすと、その負い目を長く背負わされてしまう。その例として、薬物に関する問題がある。

天才が薬物に手を出すとき

ここ数年、芸能人やスポーツ選手の「違法薬物」に関する摘発が相次いでいる。トップ歌手であるＡＳＫＡが覚醒剤使用の容疑で逮捕されたことは、記憶に新しい。

現在、精神科にやってくる薬物中毒の患者や強制治療の対象となる患者の中で最も多いのは、覚醒剤に関する精神障害である。日本における違法薬物の乱用者は覚醒剤が最も多く、マリファナ（大麻）がこれに次ぐ。一時は危険ドラッグ（脱法ハーブ）の乱用者が急増したが、当局の摘発により最近はかなり減っている。

暴力団の影がちらつくためか、薬物依存には暗い、マイナスのイメージがつきまとう。

薬物依存の当事者は、本来は治療すべき「患者」であるが、「犯罪者」という刻印が押されてしまうのだ。この点は、日本でポピュラーな薬物である覚醒剤は、幻聴や被害妄想など「精神病」をもたらしやすいことも関係しているかもしれない。

一方、天才と呼ばれる人々でも、違法薬物の乱用は少なからずみられる。とくに芸術関係の分野に顕著であることは、日本でも欧米でも同様である。

この点については、いくつかの要因が関連している。まず彼らの行動は、常識的な枠組みに囚われず、むしろ既成の枠組みに反したものになりやすいことがあげられる。彼らはしばしば危険なことを好む傾向（センセーション・シーキング）が強いし、自らの衝動をコントロールすることが不得手であることも関連しているだろう。

薬物問題についての海外での認識は、日本とはかなり様子が異なる。欧米においては、一部の国や地域でマリファナが解禁されており、「ソフトドラッグ」に対する当局の規制は緩やかである。日本のように、マリファナの所持や使用で大騒ぎをして、「大悪人」「社会の日蔭者」のように報道されることはない。

その一方で、ヘロインやコカイン、覚醒剤などのアンフェタミン類などの「ハードドラッグ」に対する規制は、日本と同様に厳しいものがある。かつては欧米でも、薬物犯罪に対する対応は「処罰」が中心であった。

だが、刑務所における処遇では、薬物依存の再犯率は低下しないことがやがて明らかとなってきた。「依存」という現象が、人間にとって避けられないものであることが改めて認識され、処罰から治療へと流れが変化したのだ。米国やオランダなどにおいては、刑務所での服役の代わりに、治療施設における更生プログラムの参加が可能となっている。

違法薬物の使用は法律的には犯罪ではあるが、殺人などとは性質の異なるものである。一概には言えないが、芸能人などが薬物依存で逮捕されると、まるで稀代の犯罪者であるかのように批判し、「社会復帰」の道を拒む日本の風潮は、かなり狭量であると思われる。

エリック・クラプトンの薬物中毒

過去も現在も、芸術家や傑出した人物が「違法な」薬物を乱用したり依存したりする例は後を絶たない。精神分析の創始者であるジクムント・フロイト（1856〜1939）がコカイン（ただし当時は合法）を乱用していたことはよく知られている。

ここでは、過去に「ジャンキー」だった海外の傑出人たちをいくつか例に挙げて、薬物の乱用に対する社会の態度を検討してみたい。

英国生まれの伝説的なギタリスト、**エリック・クラプトン**（1945〜）は日本でも人気が高い。1974年のヒット曲「アイ・ショット・ザ・シェリフ」（オリジナルはボブ・マーリー）は、彼が薬物依存からカムバックを果たしたときにリリースされた一曲である。

私事になるが、この曲を初めて耳にしたのは、「全米トップ40」（ラジオ関東。現・ラジオ日本）という番組だった。DJの湯川れい子が弾むような口調で、「長い間、薬物中毒のためにリハビリをしていた伝説のギタリスト、エリック・クラプトンがついに復活を遂げました。すごいですね。なんと、4年ぶりの新曲がビルボードのナンバー1を獲得しました！」と紹介したのを憶えている。

クラプトンが依存したドラッグは、ヘロインである。ヘロインはアヘン類の麻薬で、日本での乱用者は少ないが、欧米においては長い乱用の歴史がある。

アヘンはケシの実から製造されるが、主成分はモルヒネである。モルヒネは医療現場では、がんの末期の痛みに対する鎮痛薬として使用され、欠かせない薬剤となっている。ヘロインは、モルヒネの官能基を置換した化合物で、さらに強力な作用を持つ。

アヘンの吸引は、強い陶酔感、酩酊感をもたらし、依存性も大きい。アヘンの歴史は古く、遠くメソポタミアやエジプトの古代文明にも記録がある。19世紀には、英国が大量のアヘンを中国に輸出したことによってアヘン戦争が勃発した。シャーロック・ホームズの物語の中にも、アヘンの乱用の描写がある。
クラプトンのドラッグ乱用が際立つようになったのは、彼がジョージ・ハリスンの妻パティ・ボイドとの実らぬ恋に身を焦がしていた時期からである。彼の代表曲である「いとしのレイラ」は、パティに捧げられたものだった。彼は自伝で次のように述べている。

「ドミノスの最初のアルバムのために書いた曲はすべて彼女（パティ）のことか、私たちの関係についての曲だった。『一人で寂しい時はどうするんだい？』という歌詞の『レイラ（いとしのレイラ）』が鍵になる曲で、私と一緒に暮らすことを躊躇していたパティに、意識的に語りかけようとした曲だ」（エリック・クラプトン『エリック・クラプトン自伝』イースト・プレス）

自伝によれば、当時所属していたデレク・アンド・ザ・ドミノスのツアー中、彼らは大量のコーク（コカイン）とスマック（ヘロイン）を仕入れて、ツアーが終わりになる頃には、バンドのメンバーがみな本格的な中毒になりかけ、バンドが機能しなくなったという。

「我々は何もできなかった。仕事もできなかった。合意もできなかった。麻痺状態になった我々の間には敵意が芽生えてきた」（同前）

パティへの愛が報われないために、さらにクラプトンはドラッグにのめり込んだ。ヘロインの使用は次第に増え、やがてクスリの禁断症状が出現するようになる。ヘロインの禁断症状は「自律神経の嵐」と呼ばれる強烈なものである。

「〝コールドターキー（禁断症状）〟の最初の24時間が地獄だったことをおぼえている。毒を盛られたようなもので、全身の神経と筋肉が痙攣を起こし、私は胎児のように丸まって、苦痛にあえぎながらうなっていた」（同前）

断続的にヘロインを使用していたこの時期、クラプトンは一時的に健康を回復し音楽活動も可能となった。だが、それは長くは続かず、彼は再びドラッグにのめりこんだ。

「まもなく毎日、大量のヘロインを使い出した私が、しきりに何か欲しがるので、アリス（当時の恋人）は手に入るものはなんでも私に渡しているのも同然だった。そして彼女がヘロインを手に入れ損なった時は、代わりに大量のウォッカをストレートで飲み、その量は一日ボトル2本になっていた」（同前）

クラプトンがヘロイン中毒から抜け出すには、3年以上の歳月が必要だった。その後、彼はジョージ・ハリスンと別れたパティ・ボイドとの恋を成就させるが、その関係は必ずしも安定した幸福をもたらすことはなく、今度はアルコールに依存するようになった。クラプトンの妻となったボイドは、次のように述べている。

「彼は酔いつぶれんばかりに飲み続けることで、このツアーをどうにか乗り切っていた。何しろ、朝からロジャーが止めに来る午後4時までずっと飲み続けていたのだ。（中略）エリックは飲み過ぎてしまい、ステージで寝そべったまま演奏したり、とんでもない組み合わせの服装でよろよろ歩き回ったりした。それでもどこかオシャレに見えたものだ」（パティ・ボイド／ペニー・ジュノー『パティ・ボイド自伝』シンコーミュージック・

エンタテイメント）

やがて問題行動を繰り返したクラプトンは、アルコール依存症の専門施設で治療を受けることとなる。パティとの関係も感情的にこじれてしまい、ついには別離を迎えた。

薬物依存に対する日本と海外の違い

エリック・クラプトンに対する社会の態度をみてみると、薬物依存に対する彼我の違いが明確となる。彼は明らかな「ジャンキー」であったにもかかわらず、ドラッグに関して警察沙汰になったことはなかった。これは日本では考えられない事態である。日本で同様の事件を起こせば、社会的に凄まじい非難を浴びせられることに加えて、刑事的な責任も追及されるのは明らかである。

加えて不思議に思えるのは、薬物依存から回復したクラプトンが、堂々と音楽シーンの中心に「復活」している点である。もし彼が日本人であるならば、いかに偉大なギタリストであっても、音楽業界やマスコミからは「白い眼」でみられ、トップアーティストとして活躍することは困難であったに違いない。

さらに、エリック・クラプトンは、２００４年に英国政府から「大英帝国勲章ＣＢＥ」を授与されるという栄誉まで受けた。これは、私財を投じてアルコールと薬物依存の治療更生施設をカリブ海のアンティグア島に設立したことを評価されたのだという。

クラプトンは日本での人気も高く、すでに20回以上の来日公演を行っている。国内の薬物依存をことさら厳しく糾弾することが多い日本人と日本のマスコミであるが、外国のミュージシャンは例外となるようだ。

レイモンド・チャンドラーのアルコール依存

飲酒に基づく病的な精神症状は古い時代から報告されているが、「病気」として認識されたのは、19世紀以降である。１８３０年にマサチューセッツ州の州立病院の院長が、アルコール依存症患者のための医療施設を初めて開設した。

傑出した人々においては、薬物依存と同じく、アルコール依存もしばしば認められる。ハードボイルド界の巨匠、**レイモンド・チャンドラー**（１８８８〜１９５９）が酒浸りの日々を送っていたことはあまり知られていない。

石油会社の重役から小説家にチャンドラーが転身したのは、40代になってからのことである。作家として活躍した期間は短かったが、彼が残した作品は文学的な完成度が高く、長く読み継がれているものが多い。

『長いお別れ』は、65歳のときの作品である。登場人物の一人である人気作家ロジャー・ウェイドには、当時のチャンドラーの面影が反映されている。作家生活に行き詰まったウェイドはアルコール依存症に陥り、郊外にある中毒者の治療施設に入所したが、そこを勝手に逃げ出してしまう。

この小説が刊行された翌年、愛妻シシーに先立たれたチャンドラーは、元来が酒好きではあったが、さらに酒を手放せなくなった。妻の死の数カ月後、泥酔した彼は、ラホヤ警察の知人である警官に電話をし、「すぐ来ないと、床に死体を発見することになる」と自殺をほのめかした。

この時は何事も起こらずに終わったが、数日後、混乱した精神状態になったチャンドラーは自宅の浴室に閉じこもり、天井に向けて拳銃を発射した。

チャンドラーは警察に保護され、郡立病院に入院した後、小説の登場人物と同様にアルコール依存症の専門病院に転院した。そこはメキシコとの国境近くチュラ・ビスタにある施設であったが、彼はウェイドと同様に短期間で治療を放棄し、退院してしまった。

じつは『長いお別れ』には、ウェイドよりもさらに魅力的な酔いどれが登場している。主人公の探偵フィリップ・マーロウの親友となった、気品あるアル中、テリー・レノックスである。

マーロウがはじめてテリーと出会ったとき、彼はナイトクラブ「ダンサーズ」のテラスの前に止めたロールスロイスの中で酔い潰れていた。テリーの顔は若々しかったが、髪は真っ白で泥酔状態だった。

2度目にマーロウがテリーに出会ったときも、テリーはひどく酔っていた。パトロール中の警官に連れて行かれそうになっていたとき、マーロウはテリーを助けて自宅に連れ帰った。やがてテリーは妻殺しの嫌疑をかけられ、マーロウの助けを借りてメキシコに逃亡するが、後にそこで自殺したという報せが届く。

チャンドラーの飲酒は、作家としてデビューする以前から顕著だった。これは彼の個人生活と関連しているようだ。石油会社の重役だった彼は美貌の女性シシーと結婚したが、彼女は18歳年上だった。

はじめのうちは、結婚生活は幸福だった。しかしシシーの年齢が60歳に近付くにつれ、チャンドラーは年齢差を意識するようになり、苛立って酒を飲み、危険な飛行機の操縦をしたり、若い愛人にのめり込んだりもした。

小説家として高名になったチャンドラーはハリウッドに招かれ、映画のシナリオに取り組んだ時期があった。だが、そこでの型にはまった生活はチャンドラーの気性には合わず、ストレスが増すばかりだった。

晩年のチャンドラーは、イギリスで多くの時間を過ごしたが、酒浸りで入退院を繰り返し、孤独のまま死を迎えた。アルコールによって苦労の多い人生を送ったチャンドラーであるが、ハードボイルド界の巨匠としてその名は今なお燦然と輝いている。

「破綻した天才」ドストエフスキー

アルコールや薬物以外にも依存症はある。その代表的な疾患が、ギャンブル依存である。

ギャンブル依存は、「病的賭博」とも呼ばれている。賭博をすることに囚われ、自らの意志では容易にやめることができず、賭博を繰り返してしまう。かつての診断基準では「放火癖」などとともに「衝動制御の障害」のカテゴリーに分類されていたが、最近では依存症であることが明らかになっている。大儲けを目論んで無謀な賭け方をすることも多いため、負債も増えやすい。このような賭博を続けることによって多重債務に陥り、経済的に困窮するケースが多い。

ロシアの文豪**フョードル・ドストエフスキー**（1821〜1881）も、ギャンブル依存だった。40歳のとき、彼は文学好きだが気まぐれな女学生アポリナーリヤと出会い、情熱的な恋に落ちた。2人は欧州各地を旅行したが、この旅先で彼は賭博に取りつかれた。

ドストエフスキーは一獲千金を夢見て、主にバーデン・バーデンやヴィースバーデンなどドイツの賭博場に出入りした。最初の晩に彼はルーレットなどで1万フランを当てたが、すぐにその金をすってしまった。彼は賭博で大金を手に入れられると信じていた。しかし現実には一文なしになり、それでも借金をかき集めては、再び賭博場に向かって行った。

小説『賭博者』の舞台は、ドイツの架空の町、賭博場のある保養地ルーレテンブルクである。この小説には、作者自身の体験が色濃く反映している。

主人公の青年アレクセイは雇い主の将軍に付き添っていたが、ギャンブルには関心を持っていなかった。ところがある時アレクセイは、心を寄せる女性ポリーナに誘われて賭博場に足を踏み入れた。賭博は低俗だと思っていた彼であったが、やがてルーレットに熱中し、ついにすべての財産を注ぎ込む。

ギャンブル依存からの回復は容易ではない。薬物療法の効果はなく、現在行われているのは、集団療法である。これは、ギャンブラーズ・アノニマスと呼ばれる自助グループに参加し、同じ悩みを持つ依存者同士で話し合うことによって、病気に対する理解を深め、新しい価値観を見出すように努めるものである。

ドストエフスキーがギャンブル依存から抜け出すのも、簡単なことではなかった。彼はホテルに支払う金がなくなっても、食事を抜いても、賭博場には足を運んだ。知人や家族から借金をして金を手に入れると、すぐに有り金全部をすってしまった。自分の時計、妻の指輪や装身具もすべて質に入れた。衣類も金に換えて賭博につぎ込んだが、勝てなかった。さらにドストエフスキーは書いた小説を金に換えては賭博につぎ込んだ。49歳で賭博を永久にやめると決心するまで、人生そのものを賭博につぎ込んでいた。

ドストエフスキーがロシア文学における最高峰の一人であることに異論はないが、同時に彼は、自らの衝動をコントロールできない実生活における破綻者でもあった。

ドストエフスキーの例は、天才と称賛される人物は、不合理で非倫理的で自己破壊的な行動をとりうる存在であることを示す例として認識しておく必要があるだろう。天才の周囲の人々は、このような天才の性質を知り、非難の目を浴びせるよりも、彼らを守っていくことが必要なのかもしれない。

天才を保護育成するイスラエルの試み

こうしてみると、多くの天才たちが薬物などで破綻してきたことがわかる。

そこでもう一度、天才と社会の問題について立ち返りたい。本章の冒頭で述べたように、多くの天才や傑出人にとって、一般の社会は生きやすい場所とは言えない。その結果、薬物依存などの自己破壊的な行動に走りやすいのもまた事実である。

では、傑出した能力を持つ子供の才能を開花させ、成人後も孤立させないようにするには、どうすべきだろうか。

国家プロジェクトとして能力開発を重点政策としているのが、イスラエルである。イスラエルの人口の多くを占めるユダヤ人には、世界的な発明家や研究者、起業家が非常に多い。さらにノーベル賞やフィールズ賞の受賞者にもユダヤ人の比率は高い。現代社会に大きな影響を残しているアインシュタインもフロイトもマルクスも、すべてユダヤ人である。

こうした過去の傑出者たちとの関係は直接的なものとは言えないが、イスラエルは国をあげて「才能の育成」に力を尽くしている。たとえばイスラエル政府は、プログラミング教育に力を入れてきた。起業支援「サムライインキュベート」代表取締役の榊原健太郎の報告（「日経産業新聞」２０１６年9月15日付）によれば、イスラエルには物理学やプログラミング言語を教える幼稚園があり、「科学技術幼稚園」と呼ばれている。日本の現状では考えられない教育である。

その後のイスラエルの義務教育においても、ソフトウエア開発やサイバーセキュリティーの教育が行われている。さらに17歳から18歳の間に国家規模で半年間の雇用プロセスを経験し、10代のうちにマネジメントスキルもしくはエンジニアスキルを有することになるという。

企業の海外進出を支援するコンサルタントの米山伸郎は、バイオベンチャーを起業したイスラエルの科学者デヴィール・ダハリの言葉をこう紹介している。

「私は9歳の時のＩＱ試験で優秀さが認められ、『高ＩＱコース』に選抜されました。それ以降は一般の生徒とは違う、進度が速くレベルの高い教育を受けました。数学が得意であったため、常に『君は天才だ』と、ほめられ続けました。実際は赤点スレスレの点を取ったこともあったのですが、それでも天才だとほめられました」（米山伸郎『知立国家　イスラエル』文春新書）

つまりイスラエルでは、才能のある生徒に対する「特別支援」が行われているのである。また、「徹底的にほめること」がイスラエルの教育の特徴だという。

米国においても、積極的に天才を育てる「ギフテッド教育」が行われている。1954年に「全米天才児協会」が設立され、国をあげての天才教育の推進を図っている。また個別の大学などの教育機関においても、ギフテッドの発掘に力を注いでいるが、その中には少なからず発達障害の特性を持つ生徒も含まれている。

米国においては、全米天才児協会の他にも、ギフテッドチルドレン（才能をもつ子供）を見出し育成するためのさまざまな組織が存在している。さらに私立の学校だけでなく、公的な学校においてもギフテッドチルドレンに特化した教育システムが存在している。

もっとも、才能を正しく見出すことは、必ずしも容易ではない。本書で述べてきたように、多くの天才たちは、ある分野では傑出した能力を発現するが、その他の分野では平均以下で見劣りするなどアンバランスなことが多い。彼らが常識に欠けることも珍しくない。教師から「扱いにくい子」とみなされ、『ライ麦畑でつかまえて』のホールデンのように問題児扱いされて、学校嫌いになってしまうことも珍しくない。

日本における現状は、これに近いものである。日本の天才たちは周囲がその才能を評価し伸ばしてくれるどころか、ほとんどの場合は、その才能を引っ込めておとなしく目立たないように生きることを強いられている。

天才、異能を生かすために

それでは、一般の社会はどのように天才や異能の人々に接するべきなのか。

本書において繰り返し述べてきたように、天才と呼ばれる人たちは扱いにくい人たちである。彼らは発達障害の特性を持つことも多く、人の話を聞かず、説明もしないで独断で物事を進めてしまう傾向が大きい。また、自分勝手で衝動的なことも多い。

われわれは彼らの言動に眉をひそめ、学校や家庭では叱りつけてしまいがちだ。会社においても同様で、彼らはポストを外され集団から抹消される。21世紀の現在においても、日本の社会は学校でも会社でも、中庸、平均を重んじることが多い。そこに所属する人は、目立たずにおとなしく静かにしていることと、上位者の言うことを忠実に実行することで評価を得る。このような状況からは、画期的なイノベーションは生まれない。

天才や異能を排除する社会は、何よりも、面白味のないものとなってしまうに違いない。

たとえば会社においては、誰も物事を変えようとしなければ、定型的な業務ばかりが続いて競争力と業績が落ち、生き残るのは典型的なイエスマンばかりになるだろう。

明治維新から高度成長期まで、日本政府は国民の平均点の向上を目的とし、さまざまなシステムが運営されてきた。この方策がかなりの成功を収めたことは事実だが、多くの人々や組織はこの成功体験を忘れられないのかもしれない。

しかし現在、明らかに状況は変化している。日本社会で多発している多くの心理・社会的な問題に、行政も専門家と呼ばれる人々もほとんど有効な解決策を提示できていない。現在の日本社会は、学校におけるいじめや不登校、中高年まで含む「引きこもり」、さらに企業社会においては従業員のメンタルヘルスの問題に加えて、新たなイノベーションや創造性の欠如という深刻な問題に直面している。どの問題も一筋縄ではいかない。実際、行政などから呈示されている解決策はほとんど機能しているとは言い難い。

けれども本章でみてきたように、じつは問題解決のための処方箋は明らかなのである。もちろん一朝一夕にいくものではないが、「天才を使いこなせていない」日本社会の現状は変えなければいけない。これは自明である。

そもそも、天才の存在自体を周囲がきちんと認識していない場合が多い。天才たちは、子供時代に不適応者のレッテルを貼られてメンタルダウンをしてしまい、本来持っている能力を発揮できないままその後の人生を過ごしていることが稀ではない。

また、児童期にその子供の能力を正確に評価することは、遅れや障害のある子供を認知して社会に受け入れることにもつながる。これが重要である。

現在、日本には特別支援学級という制度があり、知的障害、発達障害の子供が対象となっている。今後は、さまざまな子供に対応できる個別指導態勢の確立が求められる。高い能力を持つ子供には能力のアンバランスがあることが多く、その能力を開花させるには、適切な大人による保護と訓練が必要だからである。

ユダヤ人の知的水準の高さはよく指摘されるが、これは日本人にも相当あてはまる。日本人のノーベル賞受賞者はユダヤ系に比べれば少ないが、これは地理的な条件が不利であったことも関係し、また東洋系は長らく正当な評価を与えられなかったこともある。

さらに東洋の端の島国であるにもかかわらず、平安朝の物語文学の時代から現在にいたるまで、日本の文化的水準は世界の中でも一級品である。

このような日本人の持つ能力を考えれば、教育や企業におけるシステムのイノベーションは必ず達成することが可能となるであろう。

シルヴィア・ナサー他『ビューティフル・マインド　天才数学者の絶望と軌跡』新潮文庫
秋元波留夫『異常と正常　精神医学の周辺』東京大学出版会
秋元波留夫『悲運の精神医学者　石田昇』臨床精神医学13巻4号　アークメディア
風野春樹『島田清次郎』本の雑誌社
中原フク『私の上に降る雪は　わが子中原中也を語る』講談社文芸文庫
深草獅子郎『わが隣人中原中也』麦書房

第六章

北野唯我『天才を殺す凡人』日本経済新聞出版社
エリック・クラプトン『エリック・クラプトン自伝』イースト・プレス
パティ・ボイド、ペニー・ジュノー『パティ・ボイド自伝』シンコーミュージック・エンタテイメント
レイモンド・チャンドラー『長いお別れ』早川文庫
レイモンド・チャンドラー『レイモンド・チャンドラー語る』早川書房
ドストエフスキー『賭博者』新潮文庫
米山伸郎『知立国家イスラエル』文春新書
石角友愛『才能の見つけ方　天才の育て方』文藝春秋

ウィリアム・シェークスピア『夏の夜の夢』新潮文庫
J・D・サリンジャー『ライ麦畑でつかまえて』白水社
井波律子『トリックスター群像』筑摩書房
井沢元彦『逆説の日本史５　中世動乱編』小学館文庫
司馬遼太郎『国盗物語』新潮文庫
エリザベス・ジャミソンホッジスズ他『セレンディップの３人の王子』バベルプレス
モートン・マイヤーズ『セレンディピティと近代医学』中公文庫

第四章

ボリス・ジョンソン『チャーチル・ファクター』プレジデント社
ウィンストン・チャーチル『わが半生』中公クラシックス
A・E・ホッチナー『パパ・ヘミングウェイ』早川書房
高野泰志『アーネスト・ヘミングウェイ、神との対話』松籟社
レスター・ヘミングウェイ『兄　ヘミングウェイ』みすず書房
前田一平『若きヘミングウェイ』南雲堂
高見浩『ヘミングウェイの源流を求めて』飛鳥新社
フェアバンクス香織『ヘミングウェイの遺作』勉誠出版
アーネスト・ヘミングウェイ『移動祝祭日』岩波書店
ドナルド・スポトー『テネシー・ウィリアムズの光と闇』英宝社
テネシー・ウィリアムズ『テネシー・ウィリアムズ回想録』白水社
ロナルド・ヘイマン『テネシー・ウィリアムズ』平凡社
アン・エドワーズ『ヴィヴィアン・リー』文春文庫
高橋正雄『漱石文学が物語るものー神経衰弱者への畏敬と癒し』みすず書房
夏目鏡子『漱石の思い出』文春文庫
夏目伸六『父・夏目漱石』文春文庫
芥川龍之介『鵠沼雑記』芥川龍之介全集第４巻　筑摩書房
中島らも『水の中の感情』集英社文庫
中島らも『心が雨漏りする日には』青春文庫

第五章

イアン・ハミルトン『サリンジャーをつかまえて』文春文庫

山下清『裸の大将放浪記』ノーベル書房
オリヴァー・サックス『火星の人類学者』ハヤカワ文庫
司馬遼太郎『花神』新潮文庫
磯田道史『司馬遼太郎で学ぶ日本史』NHK 出版新書
司馬遼太郎『胡蝶の夢』新潮文庫
チャールズ・ダーウィン『ダーウィン自伝』ちくま学芸文庫
ゲルハルト・プラウゼ『天才たちの私生活』文春文庫
ノーマン・マーコム『放浪　回想のヴィトゲンシュタイン』法政大学出版局
イルゼ・ゾマヴィラ編『ヴィトゲンシュタイン哲学宗教日記』講談社
ジェリー・メイヤー、ジョン・P・ホームズ『アインシュタイン150の言葉』ディスカヴァー・トゥエンティワン
イアン・ジェイムズ『アスペルガーの偉人たち』スペクトラム出版
BBC 放送『シャーロック』
CBS 放送『エレメンタリー　ホームズ＆ワトソン in NY』
M・フィッツジェラルド『天才の秘密』世界思想社
コナン・ドイル『わが思い出と冒険―コナン・ドイル自伝』新潮文庫
ヘスキス・ピアソン『コナン・ドイル　シャーロック・ホームズの代理人』平凡社
ディクスン・カー『コナン・ドイル』ハヤカワミステリ
江戸川乱歩『陰獣　江戸川乱歩全集　第 3 巻』光文社文庫
日本経済新聞社編『私の履歴書　第 3 集』日本経済新聞社

第三章

チェザレ・ロンブロオゾオ『天才論』改造社
H・ガードナー『芸術、精神、そして頭脳』黎明書房
ランゲ＝アイヒバウム『天才』みすず書房
E・クレッチマー『天才の心理学』岩波文庫
内村祐之『わが歩みし精神医学の道』みすず書房
ポール・ラディン他『トリックスター』晶文全書
阿部謹也訳『ティル・オイレンシュピーゲル』岩波文庫

参考文献

はじめに

レスリー・アン・ジョーンズ『フレディ・マーキュリー』ヤマハミュージックメディア

第一章

ナンシー・C・アンドレアセン『天才の脳科学』青土社
トム・ハートマン『ADD／ADHD という才能』ヴォイス
渡辺淳一『遠き落日』集英社文庫
山田大隆『神が愛した天才科学者たち』角川ソフィア文庫
神坂次郎『縛られた巨人　南方熊楠の生涯』新潮文庫
荒俣宏選、日本ペンクラブ編『異才天才伝』福武文庫
柴門ふみ『東京ラブストーリー　1〜4』小学館
瀬戸内寂徳『美は乱調にあり』岩波現代文庫
栗原康『村に火をつけ、白痴になれ――伊藤野枝伝』岩波書店
ピーター・シェーファー『アマデウス』劇書房
メイソン・カリー『天才たちの日課』フィルムアート社
豊田泰『モーツァルトーその天才、手紙、妻、死』文芸社
C・M・イリングワース『才能の発見』岩崎学術出版
マーク・トウェイン『トム・ソーヤーの冒険』新潮文庫
マーク・トウェイン『不思議な少年』岩波文庫
マーク・トウェイン『マーク・トウェイン自伝　上〜下』ちくま文庫
黒柳徹子『窓ぎわのトットちゃん』講談社
さくらももこ『まる子だった』集英社
ビートたけし『「さみしさ」の研究』小学館新書
水木しげる『ねぼけ人生』ちくま文庫

第二章

田辺安訳『聖フランチェスコの小さな花』教文社
ジュリアン・グリーン他『アシジの聖フランチェスコ』人文書院
リアノー・フライシャー『レインマン』ハヤカワ文庫

岩波　明（いわなみ　あきら）

昭和大学医学部精神医学講座主任教授（医学博士）。1959年、神奈川県生まれ。東京大学医学部卒業後、都立松沢病院などで臨床経験を積む。東京大学医学部精神医学教室助教授、埼玉医科大学准教授などを経て、2012年より現職。2015年より昭和大学附属烏山病院長を兼任、ADHD専門外来を担当。精神疾患の認知機能障害、発達障害の臨床研究などを主な研究分野としている。著書にベストセラーとなった『発達障害』（文春新書）のほか『狂気という隣人　精神科医の現場報告』『心に狂いが生じるとき　精神科医の症例報告』（以上、新潮文庫）、『大人のADHD　もっとも身近な発達障害』（ちくま新書）などがある。

文春新書

1212

天才《てんさい》と発達障害《はったつしょうがい》

2019年4月20日　第1刷発行
2024年6月5日　第4刷発行

著　者　岩波　明
発行者　大松芳男
発行所　株式会社　文藝春秋

〒102-8008　東京都千代田区紀尾井町3-23
電話（03）3265-1211（代表）

印刷所　理想社
付物印刷　大日本印刷
製本所　大口製本

定価はカバーに表示してあります。
万一、落丁・乱丁の場合は小社製作部宛お送り下さい。
送料小社負担でお取替え致します。

ISBN978-4-16-661212-3